REZANDO
CON
LOS ÁNGELES

Acerca del autor

Richard Webster es autor de más de setenta y cinco obras, y es uno de los escritores más prolíferos de Nueva Zelanda. Entre sus libros más exitosos se incluyen *Ángeles Guardianes y Guías Espirituales*, *Los Poderes Psíquicos de las Mascotas*, *Milagros*, así como la serie sobre arcángeles *Miguel*, *Gabriel*, *Rafael* y *Uriel*.

Webster es un reconocido psíquico y es miembro de organizaciones como la National Guild of Hypnotherapists (USA), Association of Professional Hypnotherapists and Parapsychologists (Inglaterra), International Registry of Professional Hypnotherapists (Canadá), y el Psychotherapy and Hypnotherapy Institute (Nueva Zelanda).

REZANDO CON LOS ÁNGELES

RICHARD WEBSTER

Llewellyn Español
Woodbury, Minnesota

Coordinación y Edición: Edgar Rojas
Imagen de la portada: © 2007 by Photodisk
Diseño de la portada: Gavin Dayton Duffy
Traducido al idioma Español por: Maria Eugenia Velasquez
Llewellyn es una marca registrada de Llewellyn Worldwide, Ltd.

ISBN-13: 978-0-7387-1283-3

Llewellyn Español
Una división de Llewellyn Worldwide, Ltd.
Impreso en los Estados Unidos de América

Otros libros por Richard Webster

Almas Gemelas

Escriba su Propia Magia

Feng Shui para el Apartamento

Feng Shui para el Éxito y la Felicidad

Feng Shui para la Casa

Poderes Psíquicos de las Mascotas

Regrese a sus Vidas Pasadas

Milagros de tu Diario Vivir

Velas Mágicas para Principiantes

*Miguel: Comunicándose con el Arcángel
para la Orientación y Protección*

*Gabriel: Comunicándose con el Arcángel
para la Inspiración y Reconciliación*

*Rafael: Comunicándose con el Arcángel
para la Curación y la Creatividad*

*Uriel: Comunicándose con el Arcángel
para la transformación y la Paz Interior*

❧ Contenido

Para mi hijo mayor,
Nigel

Introducción

Los ángeles son seres de luz. La palabra ángel proviene de la palabra griega *angelos*, que significa "mensajero". Esto se debe a que su tarea principal es llevar y traer los mensajes de Dios. Los ángeles también dan ayuda y consuelo cuando es necesario.

Debido a que se cree que los ángeles se originaron en el segundo día de la Creación, no resulta sorprendente que estos sean anteriores a la historia. Muchas religiones primitivas creían en seres capaces de cruzar del mundo físico al reino de los dioses. El zoroastrismo, religión fundada por el profeta persa Zoroastro (siglo VI a. de C.), incluía una forma de ángel conocido como *amesha spentas*, los sagrados inmortales.

Los ángeles de judaísmo surgieron originalmente de la cosmología creada por Zoroastro y, tiempo después, los ángeles cristianos se basaron en la tradición hebrea. Aún más tarde, los ángeles cristianos y judíos mostraban influencias de la angelología del Islam.

Los ángeles son mencionados en numerosas ocasiones en los libros religiosos del judaísmo, el cristianismo y el Islam. Muchos de los eventos más importantes de estas religiones ocurrieron con ayuda de los ángeles. Aunque sus puntos de vista sobre la naturaleza y los deberes de los ángeles difieren, todas ellas aceptan implícitamente que los ángeles son reales.

Sin embargo, a lo largo de la historia han existido individuos que se rehúsan a aceptar la posibilidad de la existencia de los ángeles. El naturalista galés Alfred Russel Wallace (1823–1913), quien desarrolló una teoría de la evolución por selección natural que fue publicada al mismo tiempo que la de Charles Darwin, fue uno de los que pensaron mucho sobre este asunto. Él escribió: "Si, como lo sostengo, nos vemos forzados a dar por sentado que hay un Dios infinito… resulta lógico asumir que el vasto, infinito abismo entre nosotros y la Deidad está en cierta medida ocupado por una serie casi infinita de grados de seres, donde cada grado sucesivo posee poderes más y más elevados en relación con el origen, el desarrollo y el control del universo".[1]

---

1. Alfred Russel Wallace, *The World of Life* (London: Chapman and Hall, Limited, 1910), 392.

Es un argumento lógico puesto que cada organización de cualquier tamaño tiene una estructura jerárquica. No resulta demasiado descabellado creer que una estructura similar —una jerarquía angelical— mantiene al universo entero.

Hace apenas unos años la gente se avergonzaba al hablar sobre los ángeles. En 1943, cuando el Dr. Mortimer Adler quiso incluir un artículo sobre ángeles en un libro sobre las grandes ideas de la civilización occidental, enfrentó una fuerte oposición de su comité editorial.[2] Por fortuna persistió y el artículo fue incluido. En 1975, cuando apareció el libro de Billy Graham titulado *Angels: God's Secret Agents* (Los ángeles: agentes secretos de Dios), era uno de los pocos libros disponibles sobre el tema. Actualmente existen cientos, y esto refleja el renovado interés de las personas por este antiguo tema.

También es posible que los ángeles hayan comenzado a mostrar un interés más activo en la humanidad. Espero que este sea el caso, pues los necesitamos más que nunca en el mundo en que vivimos hoy en día.

No hay duda de que podemos comunicarnos con los ángeles. Mientras más uno se abra a la posibilidad del contacto angelical, más probabilidades tendrá de experimentar la alegría y el alborozo de estas notables manifestaciones. Es necesario estar alerta, abierto y listo para experimentar el contacto con los ángeles.

---

2. John Ronner, con Sr. Fran Gangloff, *The Angel Calendar Book* (Murfreesboro, TN: Mamre Press, 2000), 173.

La mejor manera de entender este libro es primero leerlo en su totalidad para decidir cuáles temas le interesan más. Luego dedíqueles tiempo, y cuando haya alcanzado cierto éxito, vaya explorando algunos de los demás capítulos. Todos somos diferentes, y los tópicos que le fascinan no necesariamente atraerán a otras personas. Comience realizando los rituales de la forma en que los he descrito, pero siga su intuición para cambiar lo que crea necesario y volverlos completamente suyos. Al hacerlo se desarrollará a su manera y podrá hacer descubrimientos que ayuden a otras personas a establecer sus propias conexiones personales con los ángeles.

A lo largo de los años he visto los asombrosos resultados que muchos logran al comunicarse con los ángeles por medio del ritual y la oración, y espero que este libro le ayude también a entablar una relación con Dios a través de Sus ángeles.

Uno

La oración

La palabra *oración* proviene de dos vocablos en Latín: *precarious*, que significa "que se obtiene rogando" y *precari*, que quiere decir " suplicar o implorar". En consecuencia, la oración se ha usado siempre para pedir algo para sí mismo o para los demás.

Aunque muy pocas personas tocan el tema de la oración en las conversaciones cotidianas, orar es una práctica muy común. Encuestas realizadas revelaron que el noventa por ciento de la población de los Estados Unidos reza, y que el sesenta por ciento considera la oración como una parte muy importante de sus vidas.[3]

La oración es comunicación espiritual con Dios, el arquitecto del universo, sin importar en qué forma lo conciba. Es un acto deliberado que nos permite experimentar lo sagrado y comunicarnos con la fuerza vital universal. San Clemente de Alejandría (cerca de 150– cerca de 215), teólogo y padre de la antigua iglesia cristiana, dijo: "Orar es conversar con Dios". La oración afirma nuestra conexión con lo divino.

Cualquier persona puede comunicarse con Dios a través de la oración. No importa de quién se trate, o si pertenece o no a alguna religión. Tampoco está reservada para una fe o creencia en particular. Da igual si se es rico o pobre, bueno o malo, negro o blanco. Todos nos expresamos de diversos modos, y no importa cómo se formulen las oraciones.

La facilidad de palabra no es importante. Jesús enseñó: "Porque vuestro padre sabe de qué cosas tenéis necesidad, antes que vosotros le pidáis" (Mateo 6:8). Una graciosa historia hasídica relata acerca de un hombre que deseaba rezar, pero había dejado su libro de oraciones en casa. Decidió recitar el alfabeto cinco veces, y dejar que Dios acomodara las letras para formar la oración deseada. Dios respondió: "De todas las oraciones que he escuchado hoy, esta fue la mejor, pues provino de un corazón sencillo y sincero".[4]

---

3. Margaret Poloma y George Gallup, *Varieties of Prayer* (Harrisburg, PA: Trinity Press, 1991), ix.

4. Anthony de Mello, S.J., *Taking Flight* (New York: Doubleday, 1990), 22.

La oración silenciosa, en la cual la persona conversa con la divinidad, puede ser tan efectiva como cualquier otra forma. Por lo tanto, todos tenemos la facultad de comunicarnos y establecer una relación con lo divino. Santa Teresa de Ávila, la mística española del siglo XVI, expresó lo sublime de esta forma de comunicación describiéndola como "una amistad íntima, una conversación frecuente sostenida sólo con el Amado".[5]

El deseo de comunicarse con un poder superior es universal. Hace miles de años, un salmista describió esta necesidad utilizando la analogía de un ciervo que ansía encontrar agua. "Como el ciervo brama por las corrientes de las aguas, así clama por ti, Oh Dios, el alma mía. Mi alma tiene sed de Dios, del Dios vivo" (Salmo 42:1–2). En otras palabras, nuestras almas están en lucha constante para lograr un nivel espiritual, y la oración es la forma más natural de alcanzarlo.

Hay muchas formas diferentes de oración: Se puede alabar a Dios, agradecerle, rogarle por nuestra sanación y la de otros, pedirle que haya paz en el mundo o suplicarle por misericordia y perdón.

También podemos pedir a Dios cualquier cosa que se desee. De hecho, muchos consideran que pedirle algo es orar. Jesús dijo: "Por tanto, os digo que todo lo que pidiereis orando, creed que lo recibiréis, y os vendrá". (Marcos 11:24). Obviamente, lo más difícil de este tipo de oración es creer que es posible. Dios no tiene lo que uno desea, sino que es la esencia de ese deseo. Así, si se

---

5. Santa Teresa de Ávila, citada en la *Encyclopaedia Britannica*, vol. 14 (Chicago: Encyclopaedia Britannica, Inc., 15ª edición, 1983), 948.

tiene la fe suficiente y se pide seria y sinceramente, podemos pedir a Dios cualquier cosa.

La oración no debe llevar condiciones asociadas. Si pedimos a Dios que nos mande diez millones de dólares, y prometemos dar la mitad a obras de caridad, estamos negociando, no orando.

Hay que ser totalmente honestos. Si al rezar le dice a Dios cuán feliz está porque a su mejor amigo le ofrecieron el ascenso que usted estaba esperando, está exagerando la verdad. Es más probable que esté molesto y enojado, pues creía ser el mejor candidato. Si este es el caso, debe decirle a Dios que está enojado y cuánto deseaba ese ascenso. Una vez lo haga, puede pedir perdón y continuar con su vida.

No es necesario repetir la petición una y otra vez, pues indica falta de fe y de confianza en el poder de la oración. Jesús dijo: "Y cuando oréis, no uséis vanas repeticiones, como los gentiles, que piensan que por su palabrería serán oídos. No os hagáis, pues, semejantes a ellos; porque vuestro Padre sabe de qué cosas tenéis necesidad, antes que vosotros le pidáis". (Mateo 6:7–8).

Jesús también recomendó orar en secreto: "Mas tú, cuando ores, entra en tu aposento, y cerrada la puerta, ora a tu Padre que está en secreto; y tu Padre que ve en lo secreto te recompensará en público". (Mateo 6:6). Esto quiere decir que debemos buscar un lugar tranquilo para orar, y los resultados se manifestarán donde podamos verlos.

Jesús agregó un elemento vital que con frecuencia es ignorado: "Y cuando estéis orando, perdonad, si tenéis algo contra alguno, para que también vuestro Padre que está en los cielos os perdone vuestras ofensas. Porque si no perdonáis, tampoco vuestro Padre que está en los cielos os perdonará vuestras ofensas". (Marcos 11:25–26).

La sugerencia final de Jesús fue terminar las oraciones recitando el Padre Nuestro: "Vosotros, pues, oraréis así: Padre nuestro que estás en los cielos, santificado sea tu nombre. Venga tu reino. Hágase tu voluntad, así en la tierra como en el cielo. El pan nuestro de cada día, dánoslo hoy. Y perdónanos nuestras deudas, como también nosotros perdonamos a nuestros deudores. Y no nos lleves a la tentación, mas líbranos del mal; porque Tuyo es el reino, y el poder, y la gloria, por siempre. Amén". (Mateo 6:9–13).

He conocido muchas personas que pueden recitar el Padre Nuestro, pero no se han detenido a pensar en lo que significa. El mensaje es franco y directo. "Padre nuestro que estás en los cielos" quiere decir que estamos hablando a Dios directamente. "Santificado sea tu nombre" nos dice que el nombre de Dios es sagrado. "Venga tu reino" significa que el reino de los cielos está esperándonos a todos. "Hágase tu voluntad, así en la tierra como en el cielo". Esto nos muestra que la voluntad divina de Dios se ocupará de todo a Su tiempo. "El pan nuestro de cada día, dánoslo hoy" significa simplemente que estamos pidiendo el pan de hoy. "Y perdónanos nuestras deudas, como también nosotros perdonamos a nuestros deudores" deja claro que estamos pidiendo que nos perdonen, de la misma manera que perdonamos a otros. "Y no nos lleves a la tentación, mas líbranos del mal" quiere decir que pedimos que nos mantenga lejos de todo lo malo o tentador. "Porque Tuyo es el reino, y el poder, y la gloria, por siempre" significa que reconocemos a Dios como el origen de todo. El Padre Nuestro es una oración breve, pero abarca casi todo.

Jesús creía que todos podemos lograr lo que sea si usamos el poder de la fe, la oración y el perdón.

¿Funciona la oración?

De vez en cuando me preguntan si orar da resultados. Dudo que la gente haya continuado orando a lo largo de la historia de la humanidad si no estuviera convencida de que esto funciona. La mayoría prueba la eficacia de la oración en sus propias vidas, pero se han realizado algunos estudios que revelan su poder.

En 1988, el Dr. Randolph Byrd encabezó un estudio en el Hospital General de San Francisco, utilizando 393 pacientes que habían sido internados con ataques cardíacos y fuerte dolor en el pecho. Todos recibieron la mejor atención posible, pero además de esto, se oró por la mitad de ellos. Para hacer que el estudio fuera lo más concluyente posible, ninguno de los doctores, enfermeras o pacientes sabía por quién se estaba rezando. Más tarde, al revisar los resultados, se encontró que habían fallecido menos pacientes entre el grupo por el que se oró, y ninguno de ellos había necesitado un respirador mecánico. Doce de los pacientes del grupo por el que no se oró tuvieron necesidad de usar el respirador.[6]

Otro ejemplo bien documentado está relacionado con Juliet, una joven de diecisiete años originaria de Uganda. Su nombre era Juliet, y en 1989, fue violada por un hombre enfermo de SIDA. Un año después el diagnóstico indicó que la joven era VIH positiva. Ella no les había contado a sus padres acerca del incidente. Perdió mucho peso, se encontraba muy perturbada

---

6. Larry Dossey, M.D., "Medicine, Meaning and Prayer". Artículo en *The Power of Meditation and Prayer* (Carlsbad, CA: Hay House, 1997), 4–5.

y con sentimientos suicidas. En su desesperación, visitó a un sanador muy conocido, el Pastor Simeon Kayiwa. Él le dijo que oraría y ayunaría en su nombre, y ella tendría que hacer lo mismo. Juliet no creyó que esto daría resultado, pero no tenía alternativa. Durante los meses siguientes le practicaron tres exámenes médicos, los cuales indicaron que seguía siendo VIH positiva. Kayiwa insistió en su recuperación. Dijo que oraría por ella tres veces más, y luego Juliet debería ver al médico.

A fines de 1991, volvió con su médico y los exámenes resultaron negativos. Tres análisis más arrojaron el mismo resultado. Su madre, ignorante de los sucesos, se alegró al ver que Juliet comenzaba a recuperar peso y le preguntó qué había sucedido. Juliet contestó: "Es obra de Jesús". Más tarde, Kayiwa curó a la hermana de Juliet, quien ahora visita un hospital dos veces por semana para orar por los pacientes. "La oración es la mejor medicina que conozco", dice Juliet, ahora saludable.[7]

¿Para qué orar?

El motivo principal de la oración es experimentar a Dios. Algunos dicen que esta es la única razón, pues orar nos abre a lo divino y permite que Dios trabaje con nosotros y a través nuestro. Por lo tanto, no es necesario tener en mente un propósito específico al orar.

Se debe orar a Dios continuamente. Muchos oran cuando la situación es desesperada, pero no intentan comunicarse con Él

---

7. Rochelle Gibler, "AIDS: The Documented Cures", en *Miracles*, vol. I, No. I (1994), 10. Para mayor información sobre el Pastor Kayiwa ver Rochelle Gibler, "The Documented Miracles of Simeon Kayiwa," en *Miracles*, vol. I, Núm. 3 (1995), 25–26.

en otros momentos. A estas personas les será difícil creer que hay gente que reza todo el día, todos los días, siguiendo el consejo de San Pablo: "Orad sin cesar" (I Tesalonicenses 5:17). En la obra clásica religiosa rusa del siglo XIX *The Way of a Pilgrim*, (La forma de un peregrino) se sigue la ruta de un buscador espiritual anónimo, que persigue la iluminación orando sin cesar.[8]

Muy pocas personas son capaces de orar constantemente, pero todos tenemos la capacidad de comunicarnos en momentos poco usuales con lo divino durante el día. Lo ideal es contar a diario con un lugar y una hora especial para aquietar la mente y el cuerpo, y orar. Sin embargo, la mayoría llevan vidas muy ajetreadas y tienen que encontrar ratos libres como y cuando sea posible. Un buen momento para rezar es cuando ya estamos en la cama, antes de dormir. También es posible orar brevemente mientras hacemos fila en el banco, en la oficina de correos o en el supermercado. Yo he rezado esperando a que la luz del semáforo cambie a verde. Recientemente, en una iglesia local se instituyeron las caminatas de oración, las cuales combinan una buena condición física y ejercicio. La idea es que los miembros de la congregación emprendan una vigorosa caminata mientras oran en silencio, en vez de platicar entre ellos. Es un concepto interesante, que nos demuestra que se puede rezar en cualquier lugar y a cualquier hora. Todos tenemos momentos durante el día en los que podríamos orar, si así lo deseamos.

---

8. Anónimo, *The Way of a Pilgrim*. Existen muchas ediciones. La mía es *The Way of a Pilgrim and The Pilgrim Continues His Way*, traducida por Helen Bacovcin (New York: Image Books, 1978).

Esto trae muchos beneficios. De inmediato experimentará una sensación de bienestar, esperanza y paz, como si le hubieran quitado un gran peso de encima. Sus niveles de estrés disminuirán cuando se dé cuenta de que un poder superior se está haciendo cargo de sus preocupaciones. Sentirá una íntima conexión con lo divino. Aceptará que Dios desea de corazón lo mejor para usted y que hará todo lo posible para ayudarle. Como resultado, su relación con Dios se volverá cada vez más íntima, y cada aspecto de su vida mejorará.

Otro beneficio interesante es que la oración va más allá de nuestro yo lógico normal, y abre la puerta al conocimiento intuitivo. Esta es una de las razones por las cuales después de orar, la persona sabe repentinamente cuál es el rumbo correcto. La oración nos lleva mucho más allá de nuestra perspectiva pequeña y limitada, y nos permite recibir una respuesta de la mente universal, que lo sabe todo.

Cómo escoger una postura para orar

Muchos creen que la única forma de orar es de rodillas. Sin embargo, como hemos visto, se puede orar tanto en la cama como caminando. No existe una manera correcta. De hecho, en la Biblia se mencionan varias posibilidades:

De rodillas

"Cuando Daniel supo que el edicto había sido firmado, entró en su casa, y abiertas las ventanas de su cámara que daban hacia Jerusalén, se arrodillaba tres veces al día, y oraba y daba gracias delante de su Dios, como lo solía hacer antes" (Daniel 6:10).

SENTADO

"Y entró el rey David y se sentó delante del Señor, y dijo: señor Dios, ¿quién soy yo, y qué es mi casa, para que tú me hayas traído hasta aquí?" (2 Samuel 7:18).

DE PIE

"Luego se puso Salomón delante del altar del Señor en presencia de toda la congregación de Israel, y extendió sus manos al cielo" (I Reyes 8:22).

CAMINANDO

"¿Y qué pide el señor de ti: sólo hacer justicia, y amar la misericordia, y caminar humildemente con tu Dios? (Miqueas 6:8).

CON LA CABEZA INCLINADA

"Y el hombre inclinó la cabeza, y adoró al Señor" (Génesis 24:26).

LEVANTANDO LAS MANOS

"Quiero, pues, que los hombres oren en todo lugar, levantando manos santas, sin ira ni contienda" (I Timoteo 2:8).

POSTRADOS

"Y se fueron Moisés y Aarón de delante de la congregación a la puerta del tabernáculo de reunión, y se postraron sobre sus rostros: y la gloria del Señor apareció sobre ellos" (Números 20:6).

Cómo orar

Es frecuente que alguien me diga que no sabe cómo orar. Este es un problema común. Aun San Pablo escribió: "Pues no sabemos qué hemos de pedir como conviene: pero el espíritu mismo intercede por nosotros con gemidos indecibles" (Romanos 8:26).

No existen técnicas especiales para rezar con éxito. Para mí, la mejor forma es primero relajar cuerpo y mente, lo cual me permite entrar en un estado meditativo que me agrada. La mayor parte de mis estudiantes encuentran este método satisfactorio. Sin embargo, hay excepciones. Una de mis estudiantes oraba mientras se ejercitaba en el gimnasio. Otro lo hacía mientras esperaba en la parada del autobús. Varios de ellos lo hacían en la cama antes de quedarse dormidos. Uno de ellos cantaba sus oraciones.

Todos sentían que orar en forma sencilla era mejor que usar palabras floridas, anticuadas o formales. La intención tras la oración era más importante que las palabras mismas.

La oración es una comunicación íntima con lo divino. Puesto que nadie sabe quién o qué es "Dios", nadie puede decir cuál es la forma correcta de orar. Se establece una comunicación personal con la fuerza vital universal; el método correcto será aquel que dé mejores resultados.

La experiencia de la oración

La gente experimenta de manera distinta el acto de orar. Algunos perciben estar envueltos en el abrazo de Dios mientras rezan. Muchos sienten como si se encontraran en un estado alterado, en el que, de hecho, se encuentran. Otros tienen la profunda sensación de estar comunicándose con la divinidad y de que sus plegarias tendrán respuesta. Prácticamente todos experimentan una sensación de paz y el conocimiento de "hágase tu voluntad" (Mateo 6:10, Lucas 11:2).

Cuando se consideran todos los beneficios que resultan de la oración, es sorprendente que muchas personas no recen. Si no ha orado desde hace mucho tiempo, comience recitando una o dos plegarias de su infancia. Se asombrará de lo poderosa que puede ser la oración infantil más sencilla. Si nunca ha orado, empiece con una simple oración de agradecimiento. Puede ser algo así: "querido Dios, gracias por todas las bendiciones en mi vida. Por favor bendice y ayuda a (aquí mencione a todas las personas importantes para usted). Gracias, Dios. Amén".

La oración que centra

También puede experimentar con una devota meditación, llamada oración que centra, en la que se enfoca en una palabra o frase, repitiéndola en su mente una y otra vez. Puede usar "amor" o "excelente salud", por ejemplo. Yo prefiero cerrar los ojos al hacerlo, pero también puede hacerlo con los ojos abiertos. Notará que sus pensamientos vagan de vez en cuando mientras lo hace, lo cual es perfectamente normal. Una vez que se dé cuenta de sus pensamientos, reconózcalos. Luego regrese a su mantra.

El propósito de la oración que centra es implantar la palabra o frase sagrada en su mente subconsciente, donde lo acercará con fuerza hacia lo divino.

Para terminar esta oración, deje de repetir la palabra o frase sagrada y siéntese en silencio y con los ojos cerrados durante uno o dos minutos. Cuando sienta que está listo para regresar a su vida cotidiana, abra los ojos y levántese.

Los ángeles y la oración

Muchos piensan que la idea de orar directamente a Dios resulta intimidante, y aun presuntuosa. No quieren molestar a Dios con sus problemas y les parece menos atemorizante rezar a través de un intermediario. Es por ello que, a través de la historia, los ángeles han sido utilizados para llevar las oraciones al cielo. En el siguiente capítulo veremos el papel que juegan los ángeles en relación con la oración.

❧ Dos

Ángeles

Los ángeles son seres sobrenaturales de pensamiento, que median entre Dios y la humanidad. Su función principal siempre ha sido transmitir los mensajes entre los humanos y Dios. También atienden y adoran a Dios, pero su papel principal es el de mensajeros.

Hoy en día, a los ángeles se les representa por lo regular como querubines regordetes con alas. Sin embargo, pueden aparecer en cualquier figura o forma que deseen. Por lo general se presentan en forma humana, y es probable que las personas que los encuentran no se den cuenta de que han estado ante la presencia de un ángel.

Según la tradición judía, los ángeles fueron creados durante el segundo día de la Creación. A diferencia de los humanos, no evolucionan ni crecen constantemente. Nacen perfectos y totalmente conscientes de su papel para sostener el universo, de acuerdo con los deseos de Dios.

A través de la historia, han entregado los mensajes de Dios. En la Biblia aparecen numerosas referencias a ángeles y contactos angélicos. En una de las primeras citas sobre ángeles en la Biblia,[9] una joven sirvienta embarazada, de nombre Agar, huía de la esposa de Abraham, Saraí. El "ángel del Señor" se le apareció diciéndole que regresara a casa. También le dijo que daría a luz un niño, llamado Ismael (Génesis 16:7–12).

El arcángel Gabriel es el mensajero en jefe de Dios. Anuncia los eventos especiales de gran importancia espiritual. Los cristianos creen que su mensaje más importante fue decirle a María que iba a dar a luz al Hijo de Dios. Muchos también creen que fue Gabriel quien anunció el nacimiento de Cristo a los pastores en los campos, y advirtió a María y José que huyeran de Egipto cuando los soldados de Herodes buscaban al Rey recién nacido.

Gabriel es el mensajero más importante para el Islam. Fue Él quien dictó el Corán a Mahoma, y también lo llevó en un mágico viaje nocturno por los siete cielos.

Los ángeles también entregan los mensajes de la gente a Dios. Con frecuencia, los católicos rezan a ciertos ángeles, sabiendo que

---

9. La primera mención de un ángel aparece en Génesis 3:24, inmediatamente después de que Adán y Eva han sido expulsados del Jardín del Edén: "Echó, pues, fuera al hombre; y puso al oriente del huerto de Edén querubines, y una espada encendida que se revolvía por todos lados, para guardar el camino del árbol de la vida".

Dios escuchará sus peticiones. Los ángeles siempre están presentes cuando las personas rezan.

Los ángeles también tienen otras tareas. Atienden constantemente el Trono de Dios (Génesis 32:1; Salmos 103:21; Reyes 22:19; Job 1:6). Poseen un fuerte sentido de lo que está bien y mal (Samuel 2, 14:17–20). Se regocijan por cada pecador que se arrepiente (Lucas 15:10). Están preparados para castigar a los malvados cuando es necesario (Génesis 22:11; Éxodo 14:19; Números 20:16; Salmos 34:7). Pueden cambiar de forma a voluntad. A esto se refieren las famosas palabras en Hebreos 13:2: "No os olvidéis de la hospitalidad: porque por ella algunos, sin saberlo, hospedaron ángeles". Al igual que yo, usted probablemente ha hospedado ángeles, y luego se ha dado cuenta.

El doctor angelical

Durante su vida, a Santo Tomás de Aquino (c. 1225–1274) fue conocido como el "doctor angelical". Describió a los ángeles como "criaturas puramente espirituales, intelectuales e incorpóreas, con 'sustancias.'"[10] Fue un escritor prolífico. En la *Summa Theologiae*, dio respuesta detallada a 118 preguntas acerca de ángeles, y proporcionó cinco pruebas de la existencia de Dios.

En la *Summa contra Gentiles*, presentó ocho pruebas de que los ángeles existían. Enseñó que todos tenemos un ángel guardián, y que permanece con la persona durante su vida, no importa si es buena o mala. Creía que a pesar de que los ángeles guardianes no evitan que las personas cometan actos malos, constantemente

---

10. Tomás de Aquino, citado en *Church Dogmatics*, por Karl Barth, transcripción de G. W. Bromiley (Edinburgo: T and T Clark, 1960), vol. 3, 391. Publicado originalmente en alemán como *Kirchliche Dogmatik.*.

tratan de inspirar a sus humanos para que obren correctamente. Pensaba que la gente necesitaba a los ángeles pues no conocen los secretos de su corazón. Hasta el momento en que conocen a su Creador, necesitan depender de las aclaraciones y comprensión que obtienen al comunicarse con sus ángeles guardianes.

El teólogo y místico alemán Meister Eckhart (c. 1260–c. 1327), creía que los ángeles son seres puramente espirituales. Escribió: "Esto es todo lo que es un ángel, una idea de Dios".

Emanuel Swedenborg (1688–1772), teólogo y científico sueco, pensaba que solamente los puros de corazón pueden ver a los ángeles, y que los ven a través de sus almas.

El lenguaje de los ángeles

John Dee (1527–1608) era alquimista, matemático y erudito. Utilizó la astrología para aconsejar a la reina Isabel I sobre el mejor día para su coronación, y también realizó importantes descubrimientos de navegación. Dio valiosos consejos a los marineros que buscaban nuevas rutas al Lejano Oriente y al Nuevo Mundo, y ayudó a escribir la primera traducción al inglés de las obras de Euclides. A pesar de su gran reputación y posición, siempre fue considerado sospechoso debido a su interés por los ángeles.

John Dee pasó gran parte de su tiempo comunicándose con los ángeles, valiéndose de Edward Kelley, un talentoso médium, como su visualizador. En sus libros de notas, Dee describe cómo los ángeles se comunicaban con ellos y les dictaban en la lengua de Enoc, el lenguaje de los ángeles. Esta lengua debe ser el ejemplo más notable de información recibida de los reinos angélicos. El lenguaje de Enoc tiene su propio alfabeto, sintaxis, gramática, y sistema numérico. A pesar de su carácter extraño, parece imposible que haya podido inventar una lengua completa, en especial de la forma tan compleja en que le fue transmitida.

Santa Teresa de Ávila

Al mismo tiempo que John Dee se estaba comunicando con los ángeles en Mortlake, Londres, Santa Teresa de Ávila (1515–1582), una mística española, los veía en España. En su autobiografía anotó que sus confesores estaban convencidos que sus visiones provenían de Satanás.

Su experiencia angelical más profunda ocurrió en 1559, y es conocida como "la transverberación de Santa Teresa". La palabra "transverberación" quiere decir "golpear a través". Santa Teresa relató la experiencia en su autobiografía; "No era alto sino bajo, y muy hermoso; y su rostro estaba tan encendido que parecía ser uno de los ángeles de más alto rango, que parecen estar en llamas. Deben ser de la clase llamada querubín, pero no me dicen sus nombres".[11] Llevaba una lanza dorada, que clavó varias veces en el corazón de Santa Teresa. Cuando sacó la espada, ella estaba en agonía, pero totalmente consumida en el amor de Dios. Después de esta experiencia, prometió hacer todo lo posible por agradar a Dios.

El paraíso perdido

John Milton (1608–1674) fue uno de los grandes poetas del idioma inglés. En su poema épico *El Paraíso Perdido* relata cómo Satanás tienta a Eva en un sueño que la incita a comer el fruto prohibido del Árbol del Conocimiento. Gabriel e Ituriel encuentran a Satanás y lo expulsan del Jardín del Edén. Después que Eva le cuenta a Adán su inquietante sueño, Rafael aparece

---

11.   Santa Teresa de Ávila, *The Life of Saint Teresa de Avila by Herself*, traducción J. M. Cohen (Londres: Penguin, 1987), 210.

y aconseja obediencia a Adán. Le cuenta sobre Satanás y la historia de los ángeles buenos y malos. Satanás vuelve a presentarse en forma de serpiente y de nuevo incita a Eva a comer el fruto. Esta vez tiene éxito. Adán se da cuenta de lo sucedido y también come el fruto, para perecer junto con ella. Satanás regresa al infierno y relata su triunfo a los demás ángeles. Todos los ángeles del infierno se convierten temporalmente en serpientes. Dios envía al Hijo de Dios a juzgar a Adán y a Eva. Éste, después de escuchar su historia y su arrepentimiento, aboga por ellos. Dios decide que el castigo será la expulsión del Jardín del Edén, y envía a Miguel a escoltar a la pareja para que salgan del jardín.

El poema épico de John Milton continúa vigente hoy en día, pero su relato de la guerra en los cielos y los actos de los ángeles y de Satanás son ficción, y los personajes parecen más humanos que angelicales. Muchos cristianos detestan este poema, pues en él se muestra un Satanás heroico.[12]

Emanuel Swedenborg

Emanuel Swedenborg (1688–1772) fue un científico sueco que se convirtió en místico después de una crisis personal que le provocó sueños y visiones, convenciéndolo de que podía ponerse en contacto con el mundo de los espíritus. Antes de esta crisis, había escrito libros sobre álgebra, navegación, química y astronomía. A partir de 1743, con la ayuda de los ángeles con quienes conversaba todos los días, comenzó a escribir libros teológicos acerca del cielo y el infierno. Su libro más famoso, *Heaven and Hell* (Cielo e Infierno) fue publicado en 1758. En el

---

12.   Duane A. Garrett, *Angels and the New Spirituality* (Nashville: Broadman and Holman, 1995), 93.

cielo, los ángeles de Swedenborg llevan vidas muy parecidas a las nuestras. Visten ropas y viven en casas, agrupadas en villas, pueblos y ciudades. Comen alimentos, contraen matrimonio, escuchan buena música, tienen ocupaciones útiles y en general, sus vidas son aburridas y faltas de emociones.

William Blake

El poeta, pintor y místico inglés William Blake (1757–1827), vio un árbol lleno de ángeles en Peckham Rye, en el Sur de Londres, cuando tenía unos ocho años de edad. Continuó teniendo visiones por el resto de su vida. Registró una de las más trascendentales en su diario. Mientras trataba de crear un ángel, un trabajo comisionado para un libro, preguntó en voz alta: "¿Quién puede pintar un ángel?" Al instante escuchó la respuesta: "Miguel Ángel puede".

"¿Cómo lo sabes?", preguntó Blake a la voz anónima.

"Lo sé porque yo posé para él. Soy el arcángel Gabriel".

Blake no estaba totalmente convencido, y sugirió que la voz podría pertenecer a un espíritu maligno.

"¿Puede un espíritu maligno hacer esto?", replicó la voz.

Blake notó una figura brillante con grandes alas, que irradiaba una luz pura. El ángel creció y creció, y el techo del estudio de Blake se abrió a medida que Gabriel ascendía al cielo. Blake anotó en su diario que luego, Gabriel "movió el universo". Desgraciadamente, no explicó cómo ocurrió esto, pero sí escribió que estaba convencido de haber visto a Gabriel.

Ángeles de la Guarda

Ya sea que lo note o no, usted tiene un ángel de la guarda que le fue asignado en el momento de su concepción, el cual permanecerá a su lado hasta después que haya experimentado la muerte física. De hecho, algunas personas, incluyendo a Rudolf Steiner (1861–1925), el fundador de la Antroposofía, creen que el ángel de la guarda permanece con el individuo a través de todas las encarnaciones, y no sólo durante la vida actual.

La tarea de su ángel de la guarda es protegerlo, guiarlo y cuidarlo durante toda su vida. Cuida de su alma tanto como de su cuerpo físico. Los mensajes de su ángel guardián se reciben como pensamientos e intuiciones. Esta es la "vocecita" que le habló a Elías en el Monte Sinaí (Reyes I, 19:12). Con frecuencia se puede pasar por alto debido a que es silenciosa y calmada. Debe estar preparado para escucharla y recibir mensajes de su ángel. Al final de su vida, su ángel de la guarda llevará su alma al cielo.

Los primeros padres cristianos creían que cada persona tiene un ángel de la guarda. Jesús insinuó que los niños tienen ángeles de la guarda cuando dijo: "Mirad que no menospreciéis a uno de estos pequeños; porque os digo que sus ángeles en los cielos ven siempre el rostro de mi Padre que está en los cielos". (Mateo 18:10). Hermas (c. del siglo II de nuestra era), autor de *The Shepherd of Hermas* (El pastor de Hermas), creía que todos tienen un ángel de la guarda ("ángel de la rectitud") así como un demonio ("ángel de la iniquidad"). La creencia en los ángeles de la guarda creció a través del siglo IV. Basilio el Grande (c. 330–379) escribió: "Entre los ángeles, algunos están a cargo de naciones, otros son compañeros de los fieles . . . Es la enseñanza de Moisés que cada creyente tiene un ángel que lo guía como maestro y como pastor".[13] El concepto de un ángel de la guarda todavía es parte de las creencias católicas.

Tristemente, muchas personas no tienen conciencia de su ángel de la guarda. La mayor parte del tiempo, su ángel guardián le cuidará en silencio, ofreciendo consejos sólo cuando se le piden. Todos cometemos errores, y con frecuencia me preguntan por qué nuestros ángeles guardianes no intervienen y evitan que esto suceda. La razón es que aprendemos de los errores, los que con frecuencia resultan lecciones que necesitamos en esta encarnación. A menudo los ángeles se comunican en forma de sueños, y siempre depende de nosotros si actuamos o no conforme al conocimiento obtenido de esta manera.

En ocasiones actúan de manera directa. Sir Ernest Shackleton (1874–1922), el explorador británico, sabía que "alguien más" acompañaba a su grupo cuando regresaban penosamente del Polo Sur. El montañista británico Francis Sydney Smythe (1900–1949), notó la presencia de un compañero invisible cuando intentaba la última etapa de su ascenso al Monte Everest. "No podía sentirme solo, ni podía ocurrirme algún daño", escribiría después.

La jerarquía angelical

Existen muchos otros ángeles a los que se puede acudir para diversos propósitos. Los teólogos parecen disfrutar clasificando ángeles en diferentes grupos o jerarquías. La más famosa de estas

---

13. Basil, Adv. Eun., 3.1, citado en *The Angels and Their Mission*, por Jean Daniélou, transcripción de David Heimann (Dublin: Four Courts Press, 1957), 68. Publicado originalmente en francés como *Les anges et leur mission*.

últimas fue creada por Dionisio el Aeropagita durante el siglo VI, y se incluyó en su libro *The Celestial Hierarchies* (Las jerarquías celestiales). Su sistema contiene nueve rangos de ángeles:

1. Serafines
2. Querubines
3. Tronos
4. Dominios
5. Virtudes
6. Potestades
7. Principados
8. Arcángeles
9. Ángeles

Esta jerarquía también está dividida en tres grupos, conocidos como tríadas o coros. Los más altos son los más cercanos al trono de Dios y su trabajo consiste en ayudar a todo el universo. Los ángeles de la tríada inferior (principados, arcángeles y ángeles) ayudan a Dios a cuidar de la Tierra. Esto explica por qué los arcángeles son los penúltimos en la lista inferior, aún cuando se encuentran a cada lado del trono de Dios.

Primera Tríada

1. **Serafines.** Los serafines tienen seis alas rojas fulgurantes. Dos alas les cubren los pies, dos los rostros y las otras dos las usan para volar. Portan espadas rojas flameantes y cantan: "Sagrado, sagrado, sagrado es el Señor de los Ejércitos; toda la Tierra está llena de Su gloria", mientras dan vueltas al trono de Dios.

2. **Querubines.** Los querubines visten prendas de color azul profundo y llevan espadas para proteger el camino al Árbol de la Vida en la puerta oriente del Edén. El profeta Ezequiel vio cuatro querubines y mencionó que tenían cuatro rostros y cuatro alas (Ezequiel 1:10–11).

3. **Tronos.** Los tronos son los ángeles judiciales, que administran el juicio divino y aseguran que las verdades de Dios se impartan a todos.

Segunda Tríada

4. **Dominios.** Los dominios determinan cuáles responsabilidades cósmicas necesitan atención y supervisan las tareas y deberes de cada ángel.

5. **Virtudes.** Las virtudes realizan la estrategia necesaria para poner en acción las responsabilidades. Proporcionan confianza, valor y bendiciones.

6. **Potestades.** Las potestades realizan los planes. También protegen el cielo de los ataques demoníacos y cuidan las almas de la gente, aun guiando a las almas perdidas en su camino al cielo.

Tercera Tríada

7. **Principados.** Los principados organizan las tareas que es necesario llevar a cabo en la Tierra. Tienen un interés especial por los asuntos espirituales y el bienestar de las naciones.

8. **Arcángeles.** Con los arcángeles, por fin podemos identificar por nombre a ángeles individuales. Los arcángeles llevan a cabo las tareas que organizan los principados. Son los más importantes mensajeros de Dios.

9. **Ángeles.** Los ángeles son los que están más cerca de nosotros. Los ángeles en la novena posición son los más humildes; sin embargo, tienen la enorme responsabilidad de interactuar entre Dios y la humanidad. Nuestros ángeles de la guarda pertenecen a este grupo.

Todos los ángeles, sin importar a qué grupo pertenezcan, cuidan y están pendientes de ellos mismos. Dante Alighieri (1265–1321) lo explica en su *Divina Comedia*, cuando escribe:

Y todas estas órdenes miran con asombro hacia lo alto,

Y hacia abajo cada uno predomina sobre el resto,

De donde todos son atraídos a Dios y a Él atraen.

¿Por qué los ángeles desean ayudarnos?

En ocasiones me preguntan por qué los ángeles están dispuestos a ayudarnos. Todo lo que tenemos que hacer es pedir ayuda cuando se necesita, y Dios y sus ángeles acudirán en nuestra ayuda. Todo lo que necesita es pedir, tener fe, y la respuesta llegará. Quizá no suceda de la manera que deseaba. A veces recibirá auxilio en forma de un sueño que le ayude a aclarar la situación. En otra ocasión, una serie de aparentes coincidencias asegurarán el resultado correcto. Dios obra de manera misteriosa.

En el Salmo 91:11–15, David da una hermosa explicación del porqué los ángeles están dispuestos a ayudarnos:

"Pues a sus ángeles mandará acerca de ti, que te guarden en todos tus caminos. En *sus* manos te llevarán, para que tu pie no tropiece en piedra. Sobre el león y el áspid pisarás; hollarás al cachorro del león y al dragón. Por cuanto en mí ha puesto su amor, yo también lo libraré: le pondré en alto, por cuanto ha conocido mi nombre. Me invocará, y yo le responderé: con él estaré yo en la angustia; lo libraré, y le glorificaré".

¿Puede cualquier persona comunicarse con los ángeles?

Sí, los ángeles disfrutan de comunicarse con todos. No importa la religión a la que pertenezca, si es que pertenece a alguna. Puede pedirse el auxilio divino cuando se necesite. El único requisito es que usted tenga fe en la fuerza vital universal.

¿Cómo sabré si el mensaje proviene de un ángel?

También con frecuencia me preguntan: "¿Cómo sabré si un sentimiento o mensaje proviene de un ángel?" Esta es una pregunta difícil de responder. A veces experimentará la clara sensación de saberlo. Puede tratarse de intuición o corazonada, o la certeza de que todo saldrá de la manera debida. La mayor parte del tiempo no nos preguntamos de dónde provienen nuestros sentimientos. De vez en cuando, pregúntese si una cierta intuición provino de un ángel, y luego espere la respuesta. Con frecuencia descubrirá que se trata de un mensaje angelical. Creo que la mayoría de los destellos intuitivos, si no es que todos, son mensajes angelicales.

A veces es imposible responder. Si el resultado deseado se ha logrado a través de una extraordinaria serie de coincidencias, o el azar estuvo involucrado, puede concluir que los ángeles lo han orquestado, pero nunca podrá probarlo. La mejor respuesta es aceptarlo con gratitud y dar gracias al reino angelical.

¿Está mal rezar a los ángeles?

Algunos consideran que es idolatría rezar a los ángeles en vez de rezar directamente a Dios. Sin embargo, nada menos que el Papa Pío XI (1857–1939) rezaba a su ángel de la guarda dos veces al día. Le relató a un grupo de visitantes que siempre que debía hablar con quien pensaba que no aceptaría sus ideas, pedía a su ángel de la guarda hablar primero con el ángel guardián de la otra persona. Invariablemente, los dos ángeles guardianes llegaban a un entendimiento, permitiendo que la reunión se llevara a cabo sin dificultades.[14]

En el siglo IV, Ambrosio (c. 339–393), uno de los antiguos padres de la Iglesia, escribió: "Debemos rezar a los ángeles que nos han sido dados como guardianes".[15]

Cuando usted reza a los ángeles, no los está adorando. Sencillamente está pidiendo al ángel que interceda por usted. En realidad, está rezando *con* un ángel, quien luego transmitirá su plegaria.

---

14. Harvey Humann, *The Many Faces of Angels* (Marina del Rey, CA: DeVorss and Company, 1986), 5–6.

15. Ambrose, citado en *A Select Library of the Nicene and Post-Nicene Fathers of the Christian Church*, ed. Philip Schaff (Edinburgh: T and T Clark, 1989), vol. 10, *De Vidius*, sección 9.

Considero que los ángeles son parte de la mente universal. En consecuencia, cuando le rezo a un ángel, estoy, en cierto sentido, rezando a Dios. Esto puede parecer confuso. ¿Por qué no rezar directamente a Dios, en vez de a un subalterno? De hecho, también rezo directamente a Dios. A quién le rezo depende totalmente de la oración.

En el siguiente capítulo veremos cómo rezar con los ángeles.

❧ TRES

¿Cómo contactar
a los ángeles?

Usted puede incluir a los ángeles en cualquier plegaria que pronuncie, pedir a su ángel de la guarda que transmita su oración, o a uno que esté relacionado específicamente con la esencia de su plegaria, para que la entregue en su nombre. (En el apéndice encontrará un diccionario de ángeles).

También puede pedir a los ángeles que recen con usted. Sin embargo, si no lo ha hecho antes, es de gran ayuda familiarizarse primero con ellos. Una vez que lo haya hecho, la comunicación con el reino angelical será mucho más fácil.

Cómo tener conciencia de los ángeles

Aparte un momento en el que no lo distraigan. Si lo hace en interiores, le ayudará desconectar temporalmente el teléfono. Siéntese en una silla cómoda, cierre los ojos y relájese. Yo prefiero sentarme que acostarme, pues tiendo a quedarme dormido cuando realizo este ejercicio en la cama.

Ponga atención a su respiración, y haga tres inhalaciones lentas y profundas. Inhale, sostenga el aire durante unos momentos y en seguida exhale lentamente. Al exhalar, dígase en silencio: "relájate, relájate, relájate".

Cuando se sienta totalmente relajado, olvídese de la respiración y piense en su deseo de comunicarse con su ángel de la guarda. Agradézcale su presencia, consejo y apoyo. Dígale cuánto le gustaría contactarlo con frecuencia y pregúntele si es posible. Haga una pausa y vea qué respuesta viene a su mente.

Quizá tenga suerte y reciba una respuesta inmediata. Si es así, puede expresarle su amor y gratitud en ese momento. Luego puede pedirle el consejo o la ayuda que necesite.

No se desanime si no recibe respuesta al primer, segundo o aún en el décimo intento. Ya ha vivido en la Tierra un buen número de años sin tratar de contactarlo. Es probable que su ángel guardián le esté probando para saber qué tan sincero y decidido está.

Una vez establecida, posiblemente la comunicación no resulte como usted la esperaba. Quizá escuche una voz dentro de su cabeza impartiéndole conocimientos y aconsejándole. No confundirá las comunicaciones de su ángel con los pensamientos al azar que nos llegan todo el día, todos los días. Los mensajes tendrán una energía diferente a la de los pensamientos ordinarios. La voz será más vibrante, y le dará conocimientos e intuición que de otra manera no podría lograr.

Puede experimentar la comunicación en forma de sueños, y despertar por la mañana con la información que necesitaba. No siempre es fácil determinar si los mensajes que llegan de esta forma son realmente de su ángel o de su mente subconsciente. Sin embargo, después de un tiempo notará que la información en esos sueños es más trascendental que la que intuye su mente.

Puede percibir mensajes en forma de signos. Las plumas blancas son un ejemplo común. Ahora me resulta extraño, pero durante muchos años no acepté la creencia popular de que las plumas blancas son un signo de comunicación angelical. Durante años, después de escribir *Ángeles Guardianes y Guías Espirituales*, mi primer libro sobre ángeles, los lectores me pedían que escribiera otro. Siempre respondía que bastaba con un libro sobre el tema. Sin embargo, poco a poco me di cuenta que deseaba escribir sobre los arcángeles, pero por alguna razón lo posponía. Luego de retrasar el proyecto durante algunos meses, comencé a encontrar plumas blancas por doquier. Esta era la señal que necesitaba. Dejé de debatir la idea y comencé a escribir una serie de libros sobre los arcángeles.

Los signos pueden presentarse de diversas formas. Puede comenzar a encontrar monedas de baja denominación. Una de mis amigas percibe un agradable aroma, que le indica que el contacto se ha iniciado. Una mujer presente en una de mis charlas nos relató que escucha un silbido extraño, que es su señal. Esté alerta a cualquier cosa fuera de lo común que pueda ser una forma de comunicación angelical.

Otra forma muy agradable de comunicación ocurre cuando el problema que le ha comentado con el ángel se resuelve repentinamente. En estos casos, el ángel habrá manipulado las circunstancias y creado la solución justa para todos los involucrados.

Una vez que ha hecho contacto, necesita establecer una comunicación continua con su ángel. Al principio, debe hacerlo con sesiones constantes de relajación. Sin embargo, una vez que tenga experiencia y confianza, experimentará la comunicación en diferentes momentos.

Puede establecer contacto a cualquier hora del día. Una breve comunicación en el trabajo le dará energía y lo pondrá más activo durante su jornada. Si utiliza el transporte público, podría darle buen uso a ese tiempo para establecer contacto. También puede hacerlo mientras está atrapado en el tráfico, esperando en una fila o antes de irse a dormir. De hecho, siempre que cuente con algunos minutos es un buen momento para tener contacto.

Cómo escribir a su ángel de la guarda

Una manera muy efectiva de tener contacto con su ángel es escribirle una carta. El tiempo, pensamiento y esfuerzo que ponga al escribirla concentra sus energías. Por lo tanto, no debe sorprendernos que algunas personas se pongan en contacto por accidente mientras están escribiendo una carta.

No es necesario redactar de manera formal. Escríbala como si fuera para un amigo cercano. Es obvio que su carta debe tener un propósito. Si todavía no ha establecido contacto con su ángel, puede escribirle solicitando una conexión más cercana. Si ya existe el contacto, puede pedirle lo que necesite. Esto puede incluir ayuda para otras personas.

Además, debe decirle al ángel lo que está sucediendo en su vida. Cuéntele de su familia, sus relaciones, su trabajo, sus planes y sueños. Lo beneficiará de varias formas. Escribir sus expectativas y sueños le obliga a aclararlos en su mente. Esto los convierte en metas por perseguir. Los problemas y dificultades de la vida adquieren una verdadera perspectiva cuando los escribe en el papel, y las preocupaciones cotidianas no parecen tan graves.

Al terminar la carta, agradezca a su ángel sus cuidados. Exprésele su amor y firme con su nombre. Ponga la carta en un sobre y rotúlela: "Para mi ángel guardián".

Es posible que el ángel se ponga en contacto mientras usted escribe la carta. Esta situación es ideal, pues puede dejar de escribir y disfrutar de una plática de corazón a corazón. Es más probable que no perciba a su ángel mientras escribe. Si esto ocurre, necesita "enviarle" la carta.

Tome asiento con el sobre entre sus manos frente a una vela encendida. Piense en lo que su ángel hace por usted y agradézcale. Cuando le haya dicho todo lo que desea, queme el sobre en la llama y observe cómo el humo lleva el mensaje a su ángel guardián. Murmure un "gracias" final mientras el humo se eleva; luego continúe con su día, confiando en que el ángel ha recibido la carta.

Obviamente, necesita tener cuidado al trabajar con velas. Yo las coloco sobre bandejas metálicas, y siempre tengo agua a la mano, en caso de un accidente. Nunca he necesitado usarla, pero me siento mejor sabiendo que he tomado todas las precauciones.

Meditación con velas

Este es un método maravilloso para establecer contacto angelical. Puede hacerlo en cualquier momento, pero es más efectivo por la noche, a la luz de la vela. Puede usar la que prefiera. A mí me gustan las velas, y tengo una buena selección. La mayoría de las veces sé instintivamente cuál color debo escoger. Otras veces la escojo basándome en el significado de los diferentes colores. Las siguientes son las asociaciones usuales de color:

- El *rojo* confiere energía, confianza y pasión.
- El *naranja* proporciona motivación y elimina el miedo, la duda y las preocupaciones.
- El *amarillo* estimula la mente y ayuda a la comunicación abierta y sincera.
- El *verde* alivia el estrés, la impaciencia y la ira. También proporciona estabilidad y satisfacción.
- El *azul* ayuda a superar el nerviosismo y la indecisión.
- El *azul añil* proporciona fe y ayuda a manejar los problemas familiares.
- El *violeta* confiere paz interior y alimenta el alma.
- El *rosado* ayuda a superar las dificultades emocionales y a dar y recibir amor.
- El *gris* ayuda a superar el agotamiento mental.
- El *plateado* proporciona confianza y autoestima.
- El *dorado* elimina los sentimientos negativos que resultan del éxito y el progreso financiero.

Puede usar una vela de color blanco para cualquier propósito. Siempre que le sea difícil decidirse por una vela, escoja una blanca.

Coloque la vela encendida sobre una mesa, a unos dos metros (seis pies) de su asiento. La llama debe quedar más o menos al nivel de su tercer ojo cuando esté sentado. Inhale varias veces lenta y profundamente y observe la llama parpadeante. Notará que esto es relajante, y sus ojos querrán cerrarse. Evítelo, y piense en su deseo de ponerse en contacto con su ángel de la guarda (o con cualquier otro ángel). Siga mirando la llama. Después de unos minutos quizá perciba, o aun llegue a ver fugazmente un ángel. Cuando esto suceda, comience a comunicarse en silencio o en voz alta.

Cómo caminar con un ángel

Mi forma favorita de establecer contacto angelical es caminar. Me agrada, y lo hago casi todos los días. Con frecuencia, pido a un ángel que camine conmigo. Por lo general se trata de mi ángel guardián, pero a veces también llamo a otros ángeles. Empiezo a caminar de la forma acostumbrada, y después de unos cinco minutos, invito a un ángel a caminar conmigo. Luego de uno o dos minutos, noto que un ángel me acompaña. No lo veo ni lo escucho, pero experimento la fuerte sensación de su presencia. Cuando esto sucede, empiezo a hablarle. Creo que es mejor hacerlo en silencio que en voz alta. Las respuestas del ángel aparecen en mi mente en forma de pensamientos. Una vez que hemos hablado de todo lo que necesito, le agradezco y termino la caminata solo.

Cuando se acostumbre a caminar con un ángel, se dará cuenta de que puede hacerlo en cualquier parte, aun en un centro comercial concurrido.

Meditación de los chakras

Los chakras son centros de energía situados en el aura. Absorben y distribuyen energía física, mental, emocional y espiritual. Las siete auras principales están situadas entre la base de la espina y la parte superior de la cabeza. Cuando se encuentran balanceadas, mantienen su mente, cuerpo y espíritu armonizados y equilibrados, creando sentimientos de felicidad y bienestar. Los chakras bien equilibrados también intensifican la conciencia espiritual. Cada chakra tiene un propósito.

1. El primer chakra, el chakra base, está situado en la parte inferior de la espina. Se ocupa de la sobrevivencia, la seguridad y las actividades físicas.

2. El segundo, o chakra sacral, está en la parte baja del abdomen, arriba de los genitales. Se encarga de la sexualidad, sensualidad y las funciones de los fluidos del cuerpo.

3. El tercer, chakra del plexo solar, se ubica a dos centímetros arriba del ómbligo. Se encarga de la voluntad, la confianza y la felicidad.

4. El cuarto, el chakra del corazón, se localiza al mismo nivel que éste. Tiene que ver con el amor, la armonía, la compasión, las relaciones y las emociones.

5. El quinto, chakra de la garganta, se ubica en esta zona. Se ocupa de la expresión propia y la creatividad.

6. El sexto chakra, de la frente, queda justo arriba del nivel de las cejas. Tiene que ver con la imaginación, la intuición y el pensamiento.

7. El séptimo, o chakra de la corona, queda en la parte superior de la cabeza. Está relacionado con la consciencia elevada, la espiritualidad y nuestro enlace con lo divino.

Cualquier bloqueo causa problemas en la persona. Por ejemplo, un segundo chakra bloqueado creará problemas en el funcionamiento correcto del sistema reproductivo. De igual forma, un cuarto chakra bloqueado resultará en dificultades para expresar las emociones.

Todos experimentamos reacciones involuntarias de los chakras. ¿Alguna vez ha sentido que las emociones lo ahogan y que el corazón le va a estallar? ¿Ha sentido la garganta contraída cuando trataba de expresar algo muy importante? Estos son momentos en que los chakras, que por lo general permanecen invisibles y trabajan tras bambalinas, se vuelven aparentes.

Cuando los chakras están bien alineados, su conexión con la fuerza vital universal está en su punto más fuerte. Este es el momento perfecto para comunicarse con su ángel guardián. Se trata de un proceso de ocho pasos:

I. Siéntese en una silla de respaldo recto, con los pies bien apoyados en el suelo. También puede sentarse en el suelo con las piernas cruzadas, con la columna y la cabeza formando una línea vertical. Es importante que se sienta cómodo y relajado.

2. Cierre los ojos y lleve su atención al chakra base, en la parte inferior de su columna. Visualícelo como una ruleta de energía, y siéntela como se manifiesta.

3. Mueva su atención al chakra sacral, en la parte baja del abdomen. Visualícelo como una ruleta de energía. Sienta la diferencia entre las energías de sus chakras base y sacral.

4. Continúe subiendo a través de los chakras. Enfoque su atención en cada uno hasta que sienta claramente su energía. Si le resulta difícil percibirla en alguno de ellos, haga tres o cuatro inhalaciones lentas y profundas, y visualice cómo el aire revitaliza y llena de energía el chakra en particular que necesita atención.

5. Cuando haya sentido cada chakra, visualice la energía del chakra base subiendo por su espina, a través de cada chakra y hasta llegar al de la corona.

6. Sostenga allí la energía y en silencio pida a su ángel que se le una. Cuando sienta que él ha llegado, deje fluir la energía hacia el cielo desde su chakra de la corona.

7. Hable con su ángel tanto como desee. Cuando haya terminado, dele las gracias y despídase.

8. Visualice a su ángel guardián alejándose. Cuando esté listo, inhale tres veces lenta y profundamente y abra los ojos.

El círculo de la alegría

Este es un círculo mágico que usted crea a su alrededor. Es un espacio sagrado, especial, que puede utilizar para realizar cualquier trabajo espiritual en su interior. Con la práctica, podrá visualizarlo mentalmente a su alrededor, pero es mejor comenzar creando uno físico de varios pies de diámetro. Yo hago ambas cosas. A veces me gusta crearlo, mientras que otras lo visualizo. Tengo un gran tapete redondo que con frecuencia sirve como círculo cuando trabajo en interiores. Usted puede crearlo con lo que desee. Algunas personas utilizan un cordón, mientras que otros prefieren colocar objetos pequeños como velas o piedras en forma de círculo a su alrededor.

Después de crear su círculo, coloque en el centro una silla cómoda. Camine a su alrededor unas cuantas veces y luego siéntese en la silla y póngase cómodo. Cierre los ojos e imagine que una hermosa luz blanca llena de protección el círculo. Se sentirá a salvo, seguro dentro de su círculo de alegría. Es un lugar tranquilo, seguro, al que puede acudir siempre que lo desee. Puede usarlo para relajarse y serenarse, para pensar bien las cosas o para comunicarse con sus ángeles.

Cuando esté listo, pida a su ángel de la guarda que se una. Siéntese tranquilo y cómodamente hasta que perciba su llegada. Después de saludarse, pueden hablar de lo que usted desee. Dependiendo del lugar donde esté su círculo, puede comunicarse en silencio o en voz alta. Al terminar de conversar, agradezca a su ángel por todo lo que hace por usted. Permanezca tranquilo un par de minutos más y luego abra los ojos. Póngase de pie, estírese y cuando sienta que está listo, salga del círculo.

Su círculo es portátil. Puede crearlo dondequiera que se encuentre. Verá que es un escape muy agradable de las presiones de la vida diaria, y un lugar excelente para encontrase con su ángel.

El círculo de protección

Esta es una versión un poco más avanzada del círculo de la alegría, e incorpora a los cuatro grandes arcángeles: Rafael, Miguel, Gabriel y Uriel. Realizar este rito es una experiencia increíblemente poderosa y conmovedora. Lo ideal sería que no lo intentara hasta que haya logrado dominar el Círculo de la Alegría.

Es bueno tomar un baño antes realizar este círculo. Es una manera simbólica de purificarse. Muchos se visten con ropa cómoda, tal como una túnica, para separarse aún más de su vida diaria.

Utilice un cordón o algunos objetos pequeños para crear el círculo. Párese en el centro y vuélvase hacia el oriente. Cierre los ojos e imagine que una luz blanca desciende desde los cielos. Visualice cómo lo llena a usted y su círculo mágico de protección divina. Cuando perciba que se encuentra totalmente rodeado por una luz blanca, diga "gracias" en voz alta.

Ahora está listo para llamar a los grandes arcángeles. Abra los ojos y visualice a Rafael parado justo frente a usted. La gente "ve" a los arcángeles de diferentes maneras. Puede verlo como una figura barbada, con túnica, que lleva un cayado y un pez. Así es como se le dibuja tradicionalmente. Sin embargo, es más probable que lo perciba como energía o como un arcoiris. No importa cómo lo perciba, siempre y cuando sepa que está ahí. En un comienzo, quizás tenga que imaginar que está ahí. Una vez sienta que Rafael está frente a usted, extienda su brazo y mano derechos, con los dos primeros dedos extendidos frente a usted. Comenzando por la parte inferior de su lado izquierdo, dibuje en el aire un pentagrama (una estrella de cinco puntas) imaginario. Retroceda su mano unos centímetros y en seguida haga un movimiento como penetrando el centro del pentagrama.

Mantenga la mano derecha extendida mientras gira noventa grados para quedar viendo hacia el Sur. Ahora visualice a Miguel tan claramente como pueda. Una vez más, quizá lo vea como una figura barbada que lleva una balanza, o puede aparecer como remolinos de color o de luz. Cuando sienta que él está ahí, nuevamente dibuje un pentagrama y termine con un movimiento penetrante hacia su centro. Todavía con su brazo extendido, gire otros noventa grados hacia el Oeste y visualice a Gabriel. Cuando tenga clara su imagen, haga el pentagrama en el aire, atraviese el centro con su mano y luego vuélvase para quedar cara al Norte. Ahora visualice a Uriel. Dibuje el último pentagrama, atravíéselo y gire de nuevo para quedar viendo otra vez hacia el Oriente.

Ahora se encuentra completamente rodeado por los cuatro grandes arcángeles y puede hacer lo que desee dentro de su círculo, sabiendo que está totalmente protegido. Agradezca a los arcángeles su ayuda y protección y comente con ellos lo que desee. También puede rezarle a Dios y comunicarse con cualquier miembro del reino angélico mientras se encuentra en el círculo.

Cuando esté listo para cerrar su círculo y continuar con su día, gire una vez más hacia el Oriente y agradezca a Rafael su amor y sus cuidados. Gire hacia el Sur y dé gracias a Miguel, y continúe con Gabriel y Uriel. Finalmente, vuelva a girar hacia el Oriente, diga "gracias" de la manera que le parezca más adecuada y salga del círculo.

Esta ceremonia puede ser muy conmovedora. Espere el tiempo que sea necesario antes de proseguir con sus actividades diarias. Notará que el círculo de protección le proporcionará energía ilimitada, así como el entendimiento de lo que está sucediendo en su vida.

Los miembros de la Orden Hermética del Amanecer Dorado realizan un ritual similar, comenzando con lo que ellos llaman la Cruz Cabalística. Después de visualizar el círculo llenándose de luz blanca, ayudan en el proceso levantando su mano derecha hacia el cielo y jalando la luz hacia abajo de manera simbólica. Continúan el movimiento haciendo la señal de la cruz sobre sus cuerpos, tocando su frente, ombligo y cada lado de su pecho mientras dicen: "Pues Tuyo" (al tocar la frente) "es el reino" (al tocar el estómago), "el poder" (al tocar el lado derecho del pecho), "y la gloria" (tocando el lado izquierdo del pecho). En seguida colocan ambas manos sobre su corazón, diciendo: "por siempre a través de los siglos". Finalizan esta parte del ritual extendiendo los brazos a cada lado, imitando una cruz. Yo hago casi siempre la Cruz Cabalística, pues veo que me lleva instantáneamente al estado espiritual deseado. Experimente con ambos métodos y vea cuál le agrada más.

La protección angelical

Una vez que haya aprendido cómo ponerse en contacto con el reino angelical, podrá pedir ayuda a los ángeles siempre que se encuentre en una situación difícil. Todos tenemos tendencia a reaccionar exageradamente o a enojarnos cuando sentimos que no se nos trata con justicia o respeto. Al pedir la protección angelical se asegura de permanecer calmado, relajado y en control en situaciones que con anterioridad le resultaban estresantes o potencialmente peligrosas.

La técnica es muy sencilla y se puede realizar en cuestión de segundos, pero tendrá que practicarla hasta que la domine. Una vez que sepa exactamente cómo hacerlo, verá que su vida se vuelve más fácil y manejable, y ya no volverá a reaccionar exageradamente o enojarse en forma inapropiada.

Para practicarlo, necesita pensar en algo que le esté creando dificultades. Este ejercicio le permitirá manejarlo con mayor facilidad que antes.

Siéntese en una silla cómoda, cierre los ojos e inhale unas cuantas veces lenta y profundamente. Permítase relajarse. A mí me ayuda decir en silencio: "relájate, relájate profundamente" cada vez que exhalo.

Cuando se encuentre totalmente relajado, imagine que una clara luz blanca baja del cielo y le envuelve con su brillo protector. Pida al ángel que le parezca adecuado en esta situación, que se le una y le ayude a manejar el problema.

La presencia del ángel le impedirá hacer o decir cosas de las que se puede arrepentir después. De hecho, podrá manejar la situación en una forma compasiva y comprensiva, tomando en cuenta los puntos de vista de todos los involucrados. Una de mis estudiantes dijo que se sintió "como una santa" la primera vez que utilizó esta técnica.

Deberá practicar esta técnica hasta que se vuelva algo natural. De esta manera, cuando se vea confrontado repentinamente con una situación difícil, contará con la ayuda y protección angelical instantánea.

Es obvio que deberá usar esta técnica siempre que se vea seriamente amenazado. Si su bienestar físico está en peligro, debe llamar al arcángel Miguel para que le preste ayuda y protección al instante.

Ahora que ya sabe cómo ponerse en contacto con los ángeles, veamos los grupos específicos, comenzando con los ángeles de los cuatro elementos.

◈ Cuatro

Los ángeles de los cuatro elementos

Los cuatro elementos: fuego, tierra, aire y agua son principios espirituales que se han utilizado durante miles de años para simbolizar las bases fundamentales del universo. A Empédocles de Acragas, seguidor de Pitágoras, se le atribuye su descubrimiento hace 2.500 años.[16] El sistema chino de cinco elementos (madera,

---

16. John Michael Greer, The New Encyclopedia of the Occult (St. Paul, MN: Llewellyn, 2003), 151.

fuego, tierra, metal y agua) es aún más antiguo, pues tiene cuando menos 4.000 años de existencia.[17]

En el universo todo se puede clasificar de acuerdo a la tierra (sólidos), el agua (líquidos), y el aire (vapor). Los tres se pueden convertir de uno a otro utilizando fuego (energía). El hielo es un buen ejemplo. Cuando el hielo se calienta se convierte en agua. Si el calor continúa, se torna en vapor. Las velas son herramientas populares en muchos rituales, en parte porque representan a los cuatro elementos. La vela sólida simboliza el elemento tierra; la cera líquida, el agua; la llama simboliza el fuego; y el humo, el aire.

Los elementos tienen una larga lista de asociaciones y correspondencias. Platón (c. 428–347 a. de C.), por ejemplo, clasificó a todos los seres vivientes de esta manera. Colocó a las bestias en el elemento tierra, los peces en el agua, las aves en el aire y las estrellas en el fuego. Los magos y alquimistas medievales asignaron gemas, cuerpos celestiales, formas, tipos de personalidad, direcciones, estaciones, palos de tarot y barajas, y aun ángeles, a los diferentes elementos. Estas correspondencias se siguen usando en la magia actual.

---

17. Udo Becker, *The Continuum Encyclopedia of Symbols*, trad. Lance W. Garmer (New York: Continuum, 1994), 98. Publicado originalmente en alemán con el título *Lexikon der Symbole* (Freiburg, Alemania: Verlag Herder, 1992).

Estas son algunas de las correspondencias más comunes:[18]

AIRE

Edad: Nacimiento

Ángel: Chassan

Arcángel: Rafael

Signos astrológicos: Géminis, Libra, y Acuario

Color: Amarillo

Dirección: Este

Piedra preciosa: Topacio o calcedonia

Metal: Mercurio

Estación: Primavera

Palo del tarot: Espadas

FUEGO

Edad: Juventud

Ángel: Aral

Arcángel: Miguel

Signos astrológicos: Aries, Leo y Sagitario

---

18. Estas son las correspondencias más aceptadas usualmente. Sin embargo, siempre han existido variantes. He aquí dos ejemplos: en *The Magical Calendar of Tycho Brahe* (El calendario mágico de Tycho Brahe), que data de la época del Renacimiento, aparece un arreglo alternativo de los elementos. En este sistema, Rafael se asocia con el fuego; Miguel con el aire; Gabriel con el agua; y Uriel con la tierra. Rafael y Miguel cambian posiciones. (David Allen Hulse, *The Key of It All* [St. Paul, MN: Llewellyn, 1994], xlvii). Arthur Edward Waite, el célebre escritor y ocultista, cambió la asociación antigua de aire con el palo de bastos, y el fuego con el palo de espadas, en la baraja del tarot. Asoció los bastos con el fuego y las espadas con el aire. Debido a que la baraja de tarot disponible más popular sigue siendo la Rider–Waite, muchos han aceptado el cambio que el autor realizó. (Deborah Lipp, *The Way of Four; Create Elemental Balance in Your Life* [St. Paul, MN: Llewellyn Publications, 2004], 5).

Color: Rojo

Dirección: Sur

Piedra preciosa: Ópalo de fuego

Metales: Hierro u oro

Estación: Verano

Palo del tarot: Bastos

AGUA

Edad: Madurez

Ángel: Taliahad

Arcángel: Gabriel

Signos astrológicos: Cáncer, Escorpión y Piscis

Color: Azul

Dirección. Oeste

Piedra preciosa: Aguamarina o berilo

Metal: Plata

Estación: Otoño

Palo del tarot: Copas

TIERRA

Edad: Vejez

Ángel: Phorlakh

Arcángel: Uriel

Signos astrológicos: Tauro, Virgo y Capricornio

Color: Negro

Dirección: Norte

Piedra preciosa: Cuarzo

Metal: Plomo

Estación: Invierno

Palo del tarot: Pentáculos

Hay muchas razones para orar con un ángel elemental. Por ejemplo, comunicarse con Phorlakh, el ángel de la tierra, le ayuda a mantener sus pies firmes en el suelo. La comunicación con Chassan, el ángel del aire, contribuye a recuperar energía vital. En su forma más básica, el prana o la energía ch'i son aire. Hablar con Taliahad, el ángel del agua, le asiste para restaurar su equilibrio emocional. Pasar unos momentos con Aral, el ángel del fuego, le ayuda a recuperar su entusiasmo y gusto por la vida, y estimula la sed de conocimiento.

Los siguientes son otros temas que puede tratar con los ángeles elementales:

FUEGO

Positivos: Cambio, energía, poder, valor, fuerza, purificación, libertad, ambición, vigor y motivación.

Negativos: Posesión, ira, odio, lujuria y egoísmo.

AIRE

Positivos: Intelecto, mente, conocimiento, discernimiento, claridad, inspiración, felicidad y lógica.

Negativos: Angustia, impulsividad, inseguridad y miedo.

AGUA

Positivos: Sensualidad, sexualidad, intuición, feminidad, sueños, vientre, compasión, simpatía, entendimiento y el subconsciente.

Negativos: Celos, odio, engaño, perfidia, calumnia y rencor.

TIERRA

Positivos: Naturaleza, supervivencia, salud, bienestar, estabilidad, responsabilidad, esencia, crecimiento y sentido práctico.

Negativos: Morosidad, pereza, terquedad, codicia y melancolía.

También aquí puede hablar de asuntos de salud. El ángel de la tierra le ayudará en problemas relacionados con huesos, músculos y piel. El ángel del fuego con la energía, digestión, circulación y respiración. El ángel del aire asiste para resolver asuntos relacionados con la respiración. Al ángel del agua le agradará ayudarle en problemas concernientes a la sangre y los fluidos corporales.

Requerimientos básicos

Puede contactar los ángeles elementales utilizando los métodos mencionados. Sin embargo, hay también un número de ceremonias diseñadas de manera específica para lograrlo.

Existen algunos requerimientos. En primer lugar necesitará un altar. Puede tratarse de una mesa o estante que pueda dedicar exclusivamente para comunicarse con los ángeles. La mayoría de la gente no puede darse ese lujo, y en vez de ello usan parte de una mesa de cocina, para jugar cartas, para tomar café, o cualquier otra superficie plana disponible. A mí me grada realizar estos rituales en el exterior, cuando el clima lo permite. Puedo usar un tronco de árbol, un tapete o tela colocada en tierra, y hasta un terreno plano, como altar improvisado.

También necesitará reunir algunos utensilios para simbolizar los elementos. Como mencioné antes, puede usar una vela para representar los cuatro, y es apropiado si no cuenta con algo más. Sin embargo, verá que bien vale el tiempo y el esfuerzo que haga para encontrar objetos atractivos que simbolicen a cada uno de los elementos.

Tierra

Tradicionalmente se representaba con un disco, con un pentagrama grabado por encima y un hexagrama por detrás. El pentagrama simbolizaba el microcosmos (la humanidad) y el hexagrama el macrocosmos (el universo). A un disco de este tipo se le llama pentáculo. Sin embargo, no es esencial. Un platón redondo de madera cumplirá la misma función, y tiene la ventaja de poder usarse para colocar frutas o pasteles.

Algunos utilizan un tambor para representar el elemento tierra. También se puede usar un recipiente de barro con sal gruesa.

Aire

Habitualmente se ha utilizado una daga para representar el elemento aire, pero se puede usar cualquier cuchillo con filo. También una flauta, o cualquier otro instrumento de viento. Si lo prefiere, puede usar incienso y velas, o en vez de lo anterior.

Fuego

Las varas siempre han simbolizado poder, mando, y poderes especiales. Puede adquirir varas hechas especialmente en muchas tiendas de artículos de la Nueva Era, pero una bella rama de 30 a 60 cms. de largo también le servirá. Si puede, busque una rama que haya caído de un árbol. Corte una rama si no hay otra cosa disponible.

Agua

Necesitará un objeto atractivo para llenarlo con agua. Antes se acostumbraba un cáliz, pero puede usar una copa de vino con el mismo propósito. Si está realizando un ritual improvisado, cualquier recipiente que pueda contener agua servirá.

Consagración

Una vez tenga los instrumentos necesarios, deberá consagrarlos antes de usarlos para ponerse en contacto con los ángeles. Es mejor hacerlo mediante un sencillo ritual frente a su altar.

Además de los instrumentos necesitará una pequeña cantidad de sal, una vela, y agua. Coloque todo esto sobre el altar. Tome un baño y vista ropas limpias y holgadas.

De pie frente al altar, encienda la vela. Trace un círculo mágico a su alrededor. Puede crear un círculo de protección, como se describe en el capítulo 3, o bien visualice que está rodeado por un círculo de protección.

De cara al Este, pida a Chassan, el ángel del aire, que le dé su bendición. Haga una pausa hasta que sienta que la ha recibido. Gire hacia el Sur y pida a Aral, el ángel del fuego, que le bendiga. Una vez que él lo haya hecho, gire hacia el Oeste y pida la bendición de Taliahad, el ángel del agua. Luego gire hacia el Norte e invoque a Phorlakh para que le bendiga.

Ahora se encuentra a salvo dentro de su círculo, rodeado por los ángeles que le han bendecido en esta ceremonia. Es hora de consagrar los objetos escogidos.

De frente al altar, levante el objeto que va a utilizar como símbolo del aire. Daremos por hecho que se trata de una daga. Sosténgala en lo alto durante unos momentos; luego bájela y pásela a través del humo de la vela. Mientras lo hace, diga en voz alta: "Por este acto te purifico y te consagro con la fuerza y el

poder que proporciona el elemento aire". Visualice el aire benéfico que rodea y purifica su daga al pasarla a través de la llama.

Levante la daga nuevamente, y pásela por la llama de la vela,
diciendo esta vez: "Por este acto te purifico y consagro con la
fuerza y el poder que proporciona el elemento fuego". Al hacerlo,
visualice el fuego que remueve toda la negatividad de la daga.

De nuevo alce la daga antes de colocarla lentamente sobre
el altar. Moje sus dedos en el recipiente con agua y rocíe la daga
con unas gotas, al tiempo que dice: "Por este acto te purifico y te
consagro con la fuerza y el poder que proporciona el elemento
agua". Visualice cómo el agua purificadora lava cualquier negatividad que todavía pueda tener la daga.

Levántela y sosténgala tan alto como pueda. Vuelva a colocarla en el altar y deje caer unos cuantos granos de sal sobre ella.
Visualícela hundida en la tierra, y cómo ésta le extrae cualquier
negatividad, y diga al mismo tiempo: "Por este acto te purifico
y te consagro con la fuerza y el poder que proporciona el elemento tierra".

Repita este procedimiento con los otros tres objetos. Cuando haya terminado, coloque los cuatro objetos ya consagrados
en su altar formando una fila, y agradézcales por haberse conver-
tido en sus herramientas sagradas.

Finalice el ritual dando gracias por turno a cada uno de los
ángeles. Comience con Chassan en el Este. Vuélvase en esa dirección, agradezca su protección y dígale adiós. Por lo general, yo
sonrío y me despido con la mano mientras lo hago. Después de
hacerlo, vuélvase hacia el Norte y despídase y dé gracias a Phorlakh. Continúe con Taliahad y Aral. Notará que ha terminado

la rutina de despedirse de los ángeles en dirección contraria al reloj. Trabajar en esta dirección se conoce como a contramano.

Permanezca uno o dos minutos en silenciosa contemplación y luego abandone el círculo. Sería bueno cubrir los objetos consagrados con un trozo de seda cuando no los use. Ahora son especiales, sagrados, y no debe dejar que alguien más los toque.

Para comunicarse con los ángeles elementales

Puede crear un ritual básico para ponerse en contacto con los ángeles elementales siguiendo la estructura que utilizamos para consagrar los objetos sagrados.

1. Coloque una vela blanca y sus objetos sagrados en el altar. Puede usar tantas velas como desee. También puede poner en el altar cualquier cosa que considere espiritual o relacionada con la razón del ritual. Si, por ejemplo, lo hace para pedir a los ángeles que ayuden a sanar a un amigo enfermo, puede colocar su fotografía en el altar.

2. Tome un baño y vista ropa limpia. Puede vestir una túnica que use sólo para los rituales. Otra alternativa, dependiendo de la temperatura y las circunstancias, es trabajar "vestido de cielo" (desnudo).

3. Trace un círculo mágico para trabajar dentro de él. Puede ser un círculo físico, o quizá prefiera visualizarlo.

4. Entre al círculo y encienda la o las velas.

5. Cierre los ojos y visualice el círculo llenándose de luz blanca.

6. Haga la Cruz Cabalística (ver el capítulo 3).

7. Levante la daga con su mano derecha volviéndose hacia el Este. Llame a Chassan, el ángel del aire. Puede hacerlo en silencio o en voz alta. Con la daga apunte ligeramente hacia arriba y frente a usted. Espere hasta que sienta la presencia del ángel. Vuelva a colocar la daga en el altar.

8. Levante la vara y mire hacia el Sur. Invoque a Aral, el ángel del fuego. Sostenga la vara en lo alto frente a usted y espere la respuesta. Coloque la vara nuevamente en el altar.

9. Levante el cáliz y vuélvase hacia el Oeste. Llame a Taliahad. Sostenga el cáliz con ambas manos y elévelo hasta la altura de sus hombros. Una vez que haya recibido la respuesta, vuelva a ponerlo sobre el altar.

10. Levante el pentáculo y colóquese de frente al Norte. Llame a Phorlakh. Si está utilizando un pentáculo tradicional, levántelo con su mano derecha. Si usa un plato o cuenco de madera, sosténgalo a la altura del pecho con ambas manos. Cuando reciba la respuesta vuelva a colocarlo en el altar.

11. Dedique uno o dos minutos para disfrutar la sensación de encontrarse a salvo y seguro dentro del círculo. Sienta las energías de los cuatro ángeles que le rodean.

12. Cuando sienta que es oportuno, hábleles a los ángeles de sus preocupaciones y haga su petición. Póngase de frente al ángel que se relacione mejor con lo que esté tratando, pero asegúrese de incluir a los cuatro en su conversación.

Haga una que otra pausa para ver si recibe una respuesta directa de ellos. Hable de manera normal. Según mi experiencia, los ángeles prefieren una conversación normal a las palabras grandilocuentes, anticuadas, tales como "Oh, poderosos ángeles, alabados sean por auxiliar a la humanidad desde los tiempos de Adán. Yo, indigno granuja, imploro su socorro", y así por el estilo.

13. Tómese el tiempo que quiera. Los ángeles desean ayudarle y no se impacientarán si se tarda. En ocasiones la conversación puede durar minutos, y en otras puede llevarse una hora. No importa, siempre y cuando mencione todo lo que quiere.

14. Agradezca su ayuda a los ángeles en conjunto y por separado. Pídales que envíen su petición a Dios. Este ritual es, en efecto, una plegaria. Despídase de cada ángel individualmente, comenzando con Chassan en el Este, y moviéndose a contramano, para terminar con Aral en el Sur.

15. Apague la vela o velas. Permanezca dentro del círculo hasta que esté listo para regresar a su mundo cotidiano.

16. Salga del círculo.

Deje los implementos en su altar. Puede guardarlos después de ponerse sus ropas normales. Cada vez que los use, notará que sus objetos consagrados se sienten más y más espirituales. Guárdelos en un lugar seguro.

Lo anterior es un ritual básico que incluye a los ángeles elementales. Quizá prefiera hacer su petición en forma de carta y enviarla al cielo quemándola. También puede pronunciar sus oraciones favoritas o cantar un salmo. Quizá le agrade tocar un tambor y danzar dentro del círculo. Lo que haga depende totalmente de usted. Es su ritual, y siempre y cuando lo realice con sinceridad, no importa lo que haga.

Una vez que terminó el ritual y ha guardado todo, puede continuar con su vida, confiando en que los ángeles se harán cargo de su preocupación. Repita el ritual tan seguido como desee, hasta que obtenga el resultado deseado.

Si su propósito tiene que ver de alguna manera con la sanación del planeta, puede realizar un ritual similar invocando a los arcángeles.

Cómo eliminar la negatividad

Los ángeles de los cuatro elementos se sentirán felices de ayudarle a eliminar cualquier negatividad de su vida, incluyendo los pensamientos y sentimientos a los que se aferre, así como la negatividad dirigida hacia usted por otros. Las emociones negativas tales como la ira, los celos y el resentimiento también se pueden eliminar con este ritual. Para empezar busque una piedra o guijarro de color oscuro que pueda apretar cómodamente con la mano. También necesitará una fuente de agua corriente, tal como un río, un arroyo o el mar. Es mejor realizar el ritual al aire libre, cerca de un surtidor de agua, pero si es necesario puede hacerlo en casa y llevar la piedra al agua posteriormente.

Este es el ritual básico:

1. Prepárese para el ritual en la forma usual. Tome un baño, y vista ropa limpia y holgada.

2. Elabore un círculo mágico alrededor del altar.

3.   Sostenga la piedra en su mano derecha mientras entra al círculo.

4.   Encienda una vela blanca y colóquela en el centro del altar. Coloque la piedra en el altar unos centímetros enfrente de la vela.

5.   Cierre los ojos y visualice cómo el círculo se llena de luz blanca.

6.   Haga la Cruz Cabalística (ver el capítulo 3).

7.   Salude por turno a cada uno de los ángeles, comenzando con Chassan en el Este y continuando en sentido de las manecillas del reloj con Aral, Taliahad y Phorlakh.

8.   Agradézcales que hayan venido en su ayuda y cuénteles acerca de la negatividad que está experimentando en su vida. Pídales que lo ayuden a eliminarla. Haga una pausa hasta que perciba su asentimiento.

9.   Levante la piedra y vuélvase hacia el Este. Sostenga la piedra contra su estómago y permita que la negatividad de esa zona fluya hacia la piedra. Para algunos esto resulta muy emotivo. Dé rienda suelta a sus emociones. Siéntase en libertad de llorar, gritar, golpear el suelo con los pies o hacer cualquier otra cosa que le ayude a liberarla de su plexo solar. Si le resulta difícil dejarla salir, déle forma y color. Visualice cómo la forma se hace más y más pequeña hasta ser sólo una mancha. En su mente, sacúdala y sáquela de su cuerpo y hágala entrar a la piedra. Algunos no experimentan ninguna emoción cuando realizan este ritual. Si esto ocurre, coloque de nuevo

la piedra en el altar y con los dedos de ambas manos dé rítmicos golpecitos a su estómago durante sesenta segundos, y en seguida vuelva a tomar la piedra.

10. Sosténgala contra su frente y permita que la negatividad de esta parte de su cuerpo fluya hacia dentro de la piedra. A veces los pensamientos negativos se niegan a partir. Si es necesario déles forma y color, reduzca su tamaño y mándelos hacia la piedra. Dé golpecitos en la frente con los dedos de cada mano si lo necesita.

11. Coloque la piedra contra su corazón y permita que las emociones negativas abandonen su cuerpo y entren en la piedra.

12. Sostenga la piedra en la palma de su mano derecha y descánsela sobre la palma de la mano izquierda. Lentamente levante ambas manos a la altura de sus hombros y pida a Chassan que selle la negatividad dentro de la piedra. Cuando perciba que lo ha hecho, pídale que le bendiga y purifique.

13. Repita el paso 12 con los demás ángeles, moviéndose en sentido de las manecillas del reloj. Termine mirando hacia el Este.

14. Ahora la piedra está llena de la negatividad que usted ha liberado; ha sido sellada dentro y no se podrá liberar hasta que la piedra se limpie en agua corriente.

15. Si está realizando el ritual junto a una fuente de agua corriente, agradezca a la piedra su ayuda en la ceremonia y láncela al agua tan fuerte como pueda. Cerciórese

de que se haya hundido en el agua. Si está llevando a cabo el ritual en otro lugar, coloque la piedra de nuevo frente a la vela.

16. Agradezca a cada uno de los ángeles por ayudarle a eliminar la negatividad. Dé gracias también por su amabilidad y atenciones.

17. Despídase comenzando con Chassan en el Este, y moviéndose a contramano frente a Phorlakh, Taliahad y Aral.

18. Apague la vela y permanezca cuanto desee dentro del círculo. Cuando esté listo, abandone el círculo y continúe con su día.

19. Este ritual puede ser emocionalmente desgastante, y quizá le sorprenda su efecto. Coma y beba tan pronto como pueda después del ritual para reponer energías. Las nueces, uvas pasas y el jugo de frutas son ideales.

20. Toda la Negatividad está sellada dentro de la piedra. Sin embargo, debe lanzarla al agua tan pronto como sea posible después del ritual. Si sólo puede hacerlo hasta el día siguiente, colóquela fuera de su casa durante la noche.

Los resultados a largo plazo de este ritual pueden cambiar la vida. Aun así, muchas personas tienen dificultad para dejar salir toda su negatividad por completo. Por lo tanto, debe realizar el ritual con frecuencia, hasta que esté seguro de que ha liberado toda la negatividad. Todos recogemos negatividad en el transcurso de la vida. Por ello, realice este ritual varias veces al año para conservarse tan positivo como sea posible.

El poder de la sal

La sal se ha usado en la religión y la magia durante miles de años, probablemente debido a su incorruptibilidad, pureza y valor. Entre los pueblos primitivos, la sal era escasa y esencial para conservar los alimentos durante los largos y fríos inviernos. La sal se convirtió en símbolo de vitalidad y buena salud. La palabra "sal" proviene de *Salus*, la diosa romana de la salud.

La sal también se convirtió en símbolo de espiritualidad, y Jesús se refería a sus discípulos como "la sal de la tierra" (Mateo 5:13). Esto significa que eran presuntamente incorruptibles y poseían la fortaleza y el poder que representa la sal. La incorruptibilidad de la sal se menciona en la Biblia, refiriéndose al "pacto de sal", un pacto que Dios no podría romper (2 Crónicas 13:5). El pueblo judío consideraba que comer el pan y la sal en comunidad indicaba una amistad que no podía romperse. De hecho, para los antiguos griegos, judíos y musulmanes, la sal era símbolo de hospitalidad y amistad. Referirse a alguien como "la sal de la tierra", es considerarlo una persona recta y honrada.

La sal también da protección y todavía se usa junto con el agua bendita para rechazar el mal. En cierta época, la sal se colocaba en los ataúdes como protección contra el diablo. Se creía que una pequeña cantidad de sal en la cuna protegía al bebé sin bautizar. En el folklore británico, se pensaba que si los padres de un bebé llevaban sal a la hora del bautismo, el niño entraría al cielo sin lugar a dudas. Aun hoy, algunas personas arrojan sal sobre su hombro izquierdo para prevenir la mala suerte o las malas influencias.

Los alquimistas también utilizaban sal, azufre y azogue (mercurio) en sus rituales para simbolizar los elementos filosóficos de la vida.

La sal pertenece al elemento tierra y se puede usar en una variedad de formas para proteger y aumentar la prosperidad. En el pasado, con frecuencia se rociaba alrededor de las puertas y ventanas, para rechazar a los posibles demonios y otras energías malignas.

Por lo general en los rituales se utiliza sal de mar. Sin embargo, si no se dispone de ésta, se puede usar sal de mesa. La sal que use en los rituales se debe mantener separada de la que se utiliza en casa.

La sal como protección

Se puede usar sal para proteger cualquier espacio. Puede proteger parte de una habitación, tal como el área donde realiza sus rituales, o puede proteger toda su casa.

Para proteger una habitación:

1. Mezcle una pequeña cantidad de sal con agua pura. Puede comprar una botella de agua de manantial o, como alternativa, purificar el agua del grifo colocándola en un recipiente de vidrio transparente y dejándola durante varias horas expuesta tanto a los rayos del sol como a los de la luna.

2. Rocíe unas gotas del agua salada en cada esquina de la habitación, y en el centro de cada puerta y ventana.

3. Trace el círculo mágico en el centro de la habitación. Sostenga el recipiente de agua salada a la altura del pecho y pida a los ángeles de cada dirección que la bendigan.

4. Cierre el círculo, pero deje el recipiente en el centro de la habitación durante veinticuatro horas.

Este es el mismo procedimiento que se usa para proteger toda la casa. Rocíe agua en cada esquina y también en el centro de las puertas y ventanas que dan al exterior. Trace un círculo mágico en la habitación más importante de la casa, y deje ahí el recipiente de agua salada durante veinticuatro horas. Por lo general se trata de la estancia (sala), o aquella donde se reúnan los miembros de la familia. Pero bien podría tratarse de la cocina, un dormitorio, una terraza, o cualquier otra habitación que considere el centro de acuerdo a su concepto de hogar.

La sal y la prosperidad

En la antigua Roma, a los soldados a veces se les pagaba con sal. De aquí surge la expresión "vale su sal". La palabra "salario" viene del latín *salarium*, que significa "mesada en sal".

Puede realizar rituales por cualquier cosa que desee, pero debe existir una necesidad específica. No es probable que logre su meta si conduce un ritual pidiendo "toneladas de dinero". Necesita especificar la cantidad exacta que requiere y el fin que le dará. También necesita fe, paciencia y la habilidad para aprovechar cualquier oportunidad que se presente para lograr su objetivo. No es probable que un conjuro mágico haga toda la tarea por sí solo. Tarde o temprano se le presentará una oportunidad como resultado del conjuro, y quizá sea necesaria una buena cantidad de trabajo y esfuerzo hacer que suceda.

Si tiene una meta financiera específica en mente, el siguiente es un sencillo ritual que le ayudará a lograrla. Necesitará algunas monedas nuevas. Puesto que son simbólicas, su valor no tiene importancia. En el folklore chino, el número ocho significa dinero en el futuro cercano. Por lo tanto siempre uso ocho monedas cuando menos. También necesitará cuatro velas amarillas o doradas y algunas cucharadas de sal.

1. Comience colocando las cosas que necesita (velas, monedas y sal) en su altar. Asegúrese de que la habitación sea suficientemente cálida para el ritual.

2. Disfrute sin prisas de un baño relajante. Si es posible, use sales; pues ayudan en el ritual al envolverlo simbólicamente en sal antes de iniciarlo. También puede encender velas en el cuarto de baño. Si es posible, use velas amarillas o doradas para simbolizar la abundancia. Éstas se deben encender sólo en el baño, y necesitará otras para el ritual. Pase tanto tiempo como desee en el baño, y piense en su deseo. Séquese con una toalla gruesa y limpia. Vista prendas limpias y holgadas.

3. Antes de iniciar el ritual propiamente, con una cuchara forme un montículo de sal en el centro de su altar. Tres o cuatro cucharadas son suficientes para simbolizar abundancia. Rodee la sal con un círculo de monedas. Dibuje este círculo en dirección de las manecillas del reloj. Lo ideal es que las monedas se sobrepongan entre ellas para simbolizar abundancia. Coloque las velas fuera del círculo de monedas en los cuatro puntos cardinales (Este, Sur, Oeste y Norte).

4. Trace un círculo mágico alrededor del altar. Tome una pizca de sal del montón que formó y rocíe los cuatro puntos cardinales dentro de su círculo. Dé la bienvenida a los ángeles de los elementos.

5. Encienda las cuatro velas.

6. Siéntese o permanezca de pie frente al altar y observe la sal en el centro. Visualice cómo se transforma en la suma de dinero que necesita. Véala tan claro en su mente como sea posible. Me gusta visualizarla como una montaña de monedas de oro que cubre por completo el altar y cae al piso, cubriendo por último todo el círculo mágico.

7. Mantenga esta imagen en su mente tanto tiempo como pueda. Cuando se desvanezca, dé gracias por la abundancia que busca.

8. Sople y apague las velas, agradezca a los ángeles de los elementos y cierre el círculo.

9. Abandone la habitación cuando menos durante 30 minutos. Cuando regrese, recoja las monedas en sentido opuesto a las manecillas del reloj y colóquelas en un recipiente abierto. Recoja la sal y vacíela en otro recipiente, colocando ambos en un sitio donde reciban la luz de la luna.

10. Repita este ritual una vez a la semana hasta que aparezcan los primeros signos de su deseo. Puede ser que llegue parte del dinero, o que experimente una sensación de encaminarse hacia su objetivo. Tan pronto como lo perciba, con las monedas compre un regalo sorpresa para un amigo o amiga.

11. Aguarde hasta una noche clara con luna creciente. Pida a Phorlakh, el ángel de la tierra, que le acompañe en un tranquilo paseo por su vecindario. Disfrute de una agradable charla con él, y vaya rociando algunos granos de sal mientras camina. Siga caminando hasta que la sal se termine. De manera simbólica, es un regalo de abundancia a todos en su localidad. Necesita dar una pequeña cantidad de sal a todos sin excepción. Es particularmente benéfico regalar abundancia a personas que no le interesan. Continúe caminando tanto como desee. Agradezca a Phorlakh por ayudarle a lograr la abundancia que busca. Cuando sienta que está listo, regrese a casa y disfrute de un relajante baño de tina o regadera antes de irse a la cama.

12. Haga todo lo que sea necesario para lograr su objetivo.

Cómo llevar un diario

Ya hemos visto cómo escribir cartas a los ángeles. Otra manera efectiva de mantener contacto angelical es llevar un diario. La gran ventaja de un diario si lo comparamos con una carta, es que será un registro permanente de su crecimiento y desarrollo espiritual; asimismo, se convertirá en amigo y confidente. Ahí puede escribir cosas que nunca compartiría con alguien más. Una vez que comience a llevarlo, habrá ocasiones en que se preguntará quién lo está escribiendo. Esto se debe a que cuando lo revise, descubrirá pensamientos y respuestas que no recuerda haber anotado.

En su diario puede escribir a un solo ángel o a los que desee. Mientras más escriba, más íntima se tornará su conexión con el reino angelical.

El diario no necesita ser especial. Mi primer diario era un cuaderno escolar de ejercicios; al descubrir cuán útil era esta práctica, decidí continuar escribiendo y lo cambié por uno más atractivo, forrado en tela. Uno de mis amigos tiene un cuadernillo en el que escribe esporádicamente durante el día. Es perfecto para él, pues no puede cargar uno grande sin atraer atención.

Es obvio que su diario de los ángeles es privado, y debe tener cuidado con quién lo comparte. De hecho, yo no le he mostrado mi diario a ninguna persona.

Un diario es un lugar útil para escribir a los ángeles de los elementos. Por ejemplo, en primavera puede escribir al ángel del aire, y al ángel de la tierra en invierno. Desde luego que puede escribir a cualquier ángel cuando quiera, pero a veces es agradable ponerse en contacto con ellos en su época especial del año.

Otra cosa útil es ponerse en contacto con el ángel de cada mes y cada día de la semana (ver el Diccionario de ángeles en este libro). Si no tiene algo específico sobre qué escribir, sencillamente puede dar gracias al ángel de ese día por ayudarle y protegerlo.

Tampoco tiene que esperar un día específico. Si, por ejemplo, tiene una reunión importante el siguiente martes, puede escribirle un mensaje al ángel en particular con anticipación (Camael en este ejemplo), pidiendo su ayuda y guía para asegurarse de que la reunión transcurra bien.

No hay por qué ser tímido o cohibirse al escribir al ángel. Exprese exactamente lo que sienta. Si está malhumorado o triste, anote sus sentimientos en el diario. Una vez que los ha liberado y expuesto abiertamente, puede comenzar a escribir al ángel.

No se esfuerce en escribir si no tiene algo qué decir. Simplemente escriba su agradecimiento al ángel del día y guarde su diario. Otras veces las palabras fluirán libremente y podrá escribir durante una hora o más. En estas ocasiones es cuando siente que alguien le está dirigiendo la pluma.

Hoy en día, muchos escriben sus diarios en la computadora. Yo prefiero hacerlo a mano, pero usted utilice el método que más le acomode. Yo escribo con un bolígrafo de tinta negra, pero un conocido mío usa cuando menos una docena de colores diferentes y escribe con plumas de punta de fieltro. Otro buen amigo utiliza una técnica de mapas mentales. A mí eso no me da resultados, aun cuando a veces uso esa técnica para esbozar mis libros.

Si no tiene la costumbre de escribir, puede ser difícil comenzar un diario de los ángeles. En ese caso comience lentamente, con sólo una frase o dos al día. Para mí es útil escribir mi diario aproximadamente a la misma hora cada día. Si inicia su diario, dentro de poco esperará el momento de escribir en él, y sus frases se convertirán en párrafos y finalmente en páginas.

Quizá haya notado la asociación de los signos astrológicos con los diferentes elementos. En el siguiente capítulo vamos a revisarlos y a sus ángeles específicos.

CINCO

Sus ángeles astrológicos

Los ángeles han mantenido una larga asociación con las estrellas y los planetas. Hace unos cinco mil años, los artistas asirios, babilonios y persas creaban figuras de grifos, criaturas de extraño aspecto con cuerpo de león, cabeza de águila y cola de serpiente o escorpión. Con frecuencia tenían alas. El león y el águila son dos animales íntimamente conectados con el sol. En consecuencia, los grifos eran considerados seres benévolos y utilizados como guardianes.

No es coincidencia que en los grifos se encuentren los símbolos astrológicos Tauro, Leo, Escorpión y Acuario. Esto se debe a que dichos signos marcaban los solsticios y equinoccios en la astrología de la antigua Mesopotamia. El toro simbolizaba a Tauro, el equinoccio de primavera y el Este. El león representaba a Leo, el solsticio de verano y el Sur. El águila representaba a Escorpión, el equinoccio de otoño y el Oeste. El aguador simbolizaba a Acuario, el solsticio de invierno y el Norte.

Los judíos adoptaron a los grifos y los hicieron querubines, supuestamente los ángeles más antiguos. En consecuencia, la asociación entre ángeles, astrología y los cuatro puntos cardinales se remonta en gran medida a nuestra prehistoria.[19]

Puesto que tanto los ángeles como los signos astrológicos pertenecen a los reinos celestiales, no es de sorprenderse que naciera una tradición de ángeles que cuidan y gobiernan los doce signos del zodiaco. Existen algunas discrepancias acerca de cuáles ángeles están asociados con qué signo, pero los ángeles que se mencionan más comúnmente son los que aparecen en la lista de Johannes Trithemius (1462–1516) en *The Book of Secret Things* (El libro de las cosas secretas):

Aries: Malahidael o Machidiel
Tauro: Asmodel
Géminis: Ambriel

---

19. El grifo siguió siendo un animal simbólico durante miles de años. Los antiguos griegos lo consideraban el guardián del sol. Era sagrado para Apolo. Con frecuencia se pinta al grifo custodiando el Árbol de la Vida. Los judíos se enamoraron a tal grado del grifo que lo adoptaron e hicieron de ellos sus primeros ángeles. En el libro de Éxodo se colocaron querubines al Este del Edén después de la expulsión de Adán y Eva, para asegurarse de que nadie entrara. En la antigua época cristiana, el grifo significaba la naturaleza humana y divina de Cristo. Eran figuras populares en el arte cristiano medieval y llegaron a simbolizar los opuestos de Cristo y el Anticristo.

Cáncer: Muriel
Leo: Verchiel
Virgo: Hamaliel
Libra: Uriel o Zuriel
Escorpión: Barbiel
Sagitario: Advachiel o Adnachiel
Capricornio: Hanael
Acuario: Cambiel o Gabriel
Piscis: Barchiel

Por desgracia, el número de ángeles aumentó tanto en la antigua literatura teológica que los rabinos se alarmaron y llegaron a considerarlos una amenaza. Se prohibieron los escritos y la mayor parte de los ángeles desapareció.[20] Esto fue muy desafortunado y es la razón por la que hoy sabemos tan poco de estos ángeles.

Los arcángeles también fueron asociados con cada signo del zodiaco. Originalmente, siete de ellos se hacían cargo de los siete planetas conocidos, los siete días de la semana y los siete cielos. También cuidaban cada signo del zodiaco.[21] Estos eran:

Domingo: Miguel—Sol—Leo
Lunes: Gabriel—Luna—Cáncer
Martes: Camael—Marte—Aries y Escorpión
Miércoles: Rafael—Mercurio—Géminis y Virgo
Jueves: Sachiel—Júpiter—Sagitario y Piscis

---

20. James R. Lewis y Evelyn Dorothy Oliver, *Angels A to Z* (Canton, MI: Visible Ink Press, 1995), 423

21. Diferentes autoridades han atribuido ángeles diferentes a los días de la semana. En *The Magus* (1801) Francis Barrett presenta a los ángeles como sigue: Domingo-Rafael, Lunes-Gabriel, Martes-Camael, Miércoles-Miguel, Jueves-Zadkiel, Viernes-Haniel y Sábado Zaphiel (págs. 126–127).

Viernes: Anael—Venus—Tauro y Libra

Sábado: Cassiel—Saturno—Capricornio y Acuario

El descubrimiento de Urano, Neptuno y Plutón significó tres arcángeles adicionales que se agregaron a los siete originales. Estos son Uriel, Asariel y Azrael. Aquí está la lista revisada de los arcángeles planetarios, que la mayoría de las autoridades consideran la definitiva:

Aries: Camael—Marte

Tauro: Anael—Venus

Géminis: Rafael—Mercurio

Cáncer: Gabriel—Luna

Leo: Miguel—Sol

Virgo: Rafael—Mercurio

Libra: Anael—Venus

Escorpión: Azrael—Plutón

Sagitario: Zadkiel—Júpiter

Capricornio: Cassiel—Saturno

Acuario: Uriel—Urano

Piscis: Asariel—Neptuno

Como puede usted ver, tanto Anael (Tauro y Libra) como Rafael (Géminis y Virgo) aparecen dos veces.

Ángeles del mes

Además de los ángeles y arcángeles para cada signo del zodiaco, también hay ángeles para cada mes del año:

Enero: Gabriel o Cambiel

Febrero: Barchiel

Marzo: Machidiel o Malahidael

Abril: Asmodel

Mayo: Ambriel

Junio: Muriel

Julio: Verchiel

Agosto: Hamaliel

Septiembre: Uriel o Zuriel

Octubre: Barbiel

Noviembre: Adnachiel o Advachiel

Diciembre: Anael

No siempre resulta fácil decidir cuándo llamar a un ángel astrológico o a uno mensual. En la práctica, yo llamo al ángel o al arcángel que cuida mi signo para asuntos relacionados con mi futuro personal. Cuando hago peticiones para alguien más, uso el ángel del mes o bien el ángel o arcángel que cuida el signo zodiacal de la persona. Naturalmente, llamo al ángel del mes cuando no conozco el signo de horóscopo de la persona. Para peticiones que no están relacionadas con un solo individuo, utilizo el ángel mensual o cualquiera que pudiera estar más íntimamente involucrado con el asunto.

Horas planetarias

Ya hemos visto los ángeles mensuales, semanales y diarios. Creo que no se sorprenderá al saber que también hay ángeles para cada hora del día. Estos se deben invocar sólo para peticiones que llevan una hora específica ligada. Si, por ejemplo, tiene una cita con el dentista a las once de la mañana de cierto día, puede llamar al ángel que se ocupa de esa hora en particular para que le ayude y proteja. Definitivamente debe llamar a este ángel si va a firmar documentos importantes o va a iniciar una empresa potencialmente riesgosa.

Los planetas aparecen enumerados de I a 12 para las horas diurnas, y del I al 12 para las nocturnas. Las horas planetarias no son iguales a nuestras horas regulares. Las diurnas van del amanecer hasta el crepúsculo, y las nocturnas son lo opuesto, pues van del crepúsculo al amanecer. En consecuencia, las horas del día son mucho más cortas en el invierno que en el verano. Mi periódico publica las horas del amanecer y el ocaso todos los días. Si su periódico local no proporciona esta información, puede obtenerla en la Internet.[22] Necesita dividir las horas diurnas o nocturnas entre doce, para determinar qué tan larga es cada hora planetaria para la época del año en que se encuentre.

DOMINGO—HORAS DIURNAS

1. Miguel

2. Anael

3. Rafael

4. Gabriel

5. Cassiel

6. Sachiel

7. Samael

8. Miguel

---

22. Las horas del amanecer y del ocaso para las principales ciudades se pueden encontrar en http://www.sunrisesunset.com. En este sitio también se ofrece un programa gratuito llamado Sunrise Sunset Calculator, para establecer las horas diarias del amanecer y el ocaso en cualquier localidad de tamaño regular en el mundo.

9. Anael

10. Rafael

11. Gabriel

12. Cassiel

DOMINGO—HORAS NOCTURNAS

1. Sachiel

2. Samael

3. Miguel

4. Anael

5. Rafael

6. Gabriel

7. Cassiel

8. Sachiel

9. Samael

10. Miguel

11. Anael

12. Rafael

LUNES—HORAS DIURNAS

1. Gabriel

2. Cassiel

3. Sachiel

4. Samael

5. Miguel

6. Anael

7. Rafael

8. Gabriel

9. Cassiel

10. Sachiel

11. Samael

12. Miguel

LUNES—HORAS NOCTURNAS

1. Anael

2. Rafael

3. Gabriel

4. Cassiel

5. Sachiel

6. Samael

7. Miguel

8. Anael

9. Rafael

10. Gabriel

11. Cassiel

12. Sachiel

MARTES—HORAS DIURNAS

1. Samael

2. Miguel

3. Anael

4. Rafael

5. Gabriel

6. Cassiel

7. Sachiel

8. Samael

9. Miguel

10. Anael

11. Rafael

12. Gabriel

MARTES—HORAS NOCTURNAS

1. Cassiel

2. Sachiel

3. Samael

4. Miguel

5. Anael

6. Rafael

7. Gabriel

8. Cassiel

9. Sachiel

10. Samael

11. Miguel

12. Anael

MIÉRCOLES—HORAS DIURNAS

1. Rafael

2. Gabriel

3. Cassiel

4. Sachiel

5. Samael

6. Miguel

7. Anael

8. Rafael

9. Gabriel

10. Cassiel

11. Sachiel

12. Samael

MIÉRCOLES—HORAS NOCTURNAS

1. Miguel

2. Anael

3. Rafael

4. Gabriel

5. Cassiel

6. Sachiel

7. Samael

8. Miguel

9. Anael

10. Rafael

11. Gabriel

12. Cassiel

JUEVES—HORAS DIURNAS

1. Sachiel
2. Samael
3. Miguel
4. Anael
5. Rafael
6. Gabriel
7. Cassiel
8. Sachiel
9. Samael
10. Miguel
11. Anael
12. Rafael

JUEVES—HORAS NOCTURNAS

1. Gabriel
2. Cassiel
3. Sachiel
4. Samael
5. Miguel
6. Anael
7. Rafael
8. Gabriel
9. Cassiel
10. Sachiel

11. Samael

12. Miguel

VIERNES—HORAS DIURNAS

1. Anael

2. Rafael

3. Gabriel

4. Cassiel

5. Sachiel

6. Samael

7. Miguel

8. Anael

9. Rafael

10. Gabriel

11. Cassiel

12. Sachiel

VIERNES—HORAS NOCTURNAS

1. Samael

2. Miguel

3. Anael

4. Rafael

5. Gabriel

6. Cassiel

7. Sachiel

8. Samael

9. Miguel

10. Anael

11. Rafael

12. Gabriel

Sábado—Horas diurnas

1. Cassiel

2. Sachiel

3. Samael

4. Miguel

5. Anael

6. Rafael

7. Gabriel

8. Cassiel

9. Sachiel

10. Samael

11. Miguel

12. Anael

Sábado—Horas nocturnas

1. Rafael

2. Gabriel

3. Cassiel

4. Sachiel

5. Samael

6. Miguel

7. Anael

8. Rafael

9. Gabriel

10. Cassiel

11. Sachiel

12. Samael

Cómo ponerse en contacto con sus ángeles astrológicos

Obviamente debe existir un propósito para ponerse en contacto con sus ángeles astrológicos. No tiene objeto realizar un ritual simplemente para saludar. Podría realizar un ritual para agradecerles sus cuidados, pero lo más usual es tener en mente un objetivo específico antes de llamarlos.

Necesitará cuatro velas de los siguientes colores: amarillo, verde, azul y rojo, que se usarán para marcar el círculo mágico e indicar los puntos cardinales. También necesitará una ofrenda para el ángel o ángeles que vaya a llamar. Una rebanada de pastel recién horneado y un vaso de vino o jugo de fruta son ideales. Antes de comenzar, colóquelos en el centro del círculo.

Antes de iniciar, decida con cuál ángel desea hablar y la mejor hora del día para realizar el ritual. Puede hacerlo a cualquier hora, pero es mejor cuando la luna está en fase creciente, y no en menguante. Las mejores horas del día son las que están relacionadas con su ángel astrológico.

No siempre es fácil decidir cuál es el ángel apropiado. Por ejemplo, si usted es Libra, podría escoger a Anael de la lista en la página 74, y llevar a cabo el ritual en la quinta hora diurna de un sábado, pues esa hora también está relacionada con Anael.

Sin embargo, si su cumpleaños es en las primeras semanas de octubre, en este ejemplo podría considerar llamar a Barbiel. Si se decide por él, aun así puede usar las horas planetarias asociadas con Anael. Si su problema se puede resolver durante el mes, podría escoger al ángel del mes. Escoja a su ángel astrológico para asuntos que no pueden resolverse tan rápidamente.

He aquí otro ejemplo. Supongamos que su cumpleaños es el tres de marzo, lo que lo convierte en un Piscis. Podría escoger a Asariel, el ángel que se ocupa de su signo (también de la lista en la página 74). Como alternativa, podría seleccionar a Machidiel o a Malchedael, pues ellos cuidan el mes de marzo. Podría realizar el ritual en jueves, regido por Sachiel, pues él también cuida de los de Piscis. Si no es posible llevar a cabo el ritual en ese día, podría realizarlo durante cualquiera de las horas dedicadas a Sachiel. Si su problema no es de gran importancia, y confía en que se resolverá durante las próximas semanas, puede escoger Machidiel y hacer el ritual durante la segunda hora de la noche de un martes.

El siguiente es el formato básico de un ritual para ponerse en contacto con los ángeles astrológicos:

1. Comience de la forma acostumbrada dándose un baño de tina o regadera y vista prendas limpias, cómodas y holgadas.

2. Visualice su círculo mágico. Coloque la vela amarilla en el Este, la roja en el Sur, la azul en el Oeste y la verde en el Norte.

3. Camine de nuevo alrededor del círculo para encender las velas. Empiece con la vela amarilla del Este y muévase

alrededor del círculo en el sentido de las manecillas del reloj, encendiendo en orden las velas restantes.

4. Invoque a los cuatro arcángeles para que lo protejan.

5. Párese en el centro del círculo. Levante la rebanada de pastel y sosténgala en sus manos a la altura del pecho. Vuélvase al Este y diga en voz alta: "Te ofrezco, (el nombre del ángel), este pastel como símbolo de mi amor y respeto". Repita esto en los otros puntos cardinales, ofreciendo el pastel cada vez al mismo ángel. Vuélvase de nuevo hacia el Este y coma el pastel lentamente. Al comer, visualice que su petición ya ha sido concedida y que el futuro deseado ya es el presente.

6. Después de comer el pastel, repita el paso 5 utilizando el vaso de vino (o de jugo de frutas). Coloque el vaso en el suelo o en el altar después de beber su contenido.

7. Ahora está listo para invocar al ángel. Vuelto hacia al Este, cierre los ojos y diga el nombre del ángel siete veces en voz alta. Véalo en su mente. No importa la imagen que le llegue. Algunos ven claramente un ángel de grandes alas, mientras que otros perciben colores, aromas, sonidos y aún formas.

8. Cuando sienta la presencia de su ángel, déle las gracias por acudir en su ayuda, dígale su petición con tanto detalle como sea posible, y espere en silencio su respuesta. Puede escuchar palabras, pueden aparecer pensamientos en su mente o sentir que todo va a salir de

la forma debida. No importa la respuesta que reciba, agradezca al ángel sinceramente.

9. En este punto puede hacer más preguntas o tratar otros asuntos con el ángel. Es probable que sienta cuando él se aleja para regresar a los reinos celestiales. Pronuncie un "gracias" final y cierre el círculo apagando las velas, comenzando en el Este y moviéndose a contramano (en sentido contrario a las manecillas del reloj).

10. Descanse durante unos minutos antes de continuar con su día. Aunque haya comido y bebido durante el ritual, es una buena idea comer o beber algo después para reponer energías. Tan pronto como pueda, debe escribir cualquier percepción que le haya dejado el ritual.

Ritual de los cristales

Este es un método sencillo y directo para mantener contacto regular con el ángel que cuida de su signo zodiacal. Necesitará conseguir una piedra preciosa o un cristal del color de su signo. Puesto que existen cuando menos tres listas de correspondencias de color de las gemas zodiacales, quizá prefiera buscar una que le guste y usarla, sin importar su color.

Esta es una lista tradicional de los colores zodiacales:

Aries: amarillo
Miguel: índigo
Géminis: verde
Cáncer: anaranjado
Leo: rojo
Virgo: verde

Libra: índigo

Escorpión: amarillo

Sagitario: azul

Capricornio: violeta

Acuario: índigo

Piscis: azul

Esta es otra lista popular:

Aries: rojo

Miguel: verde

Géminis: amarillo

Cáncer: plateado

Leo: dorado

Virgo: marrón

Libra: azul

Escorpión: rojo oscuro

Sagitario: púrpura

Capricornio: negro

Acuario: azul

Piscis: violeta

Durante el siglo XIX, los fundadores de la Orden Hermética del Alba Dorada (Hermetic Order of the Golden Dawn) presentaron su propia lista de colores zodiacales:

Aries: escarlata

Miguel: rojo–anaranjado

Géminis: anaranjado

Cáncer: ámbar

Leo: amarillo, verdoso

Virgo: verde, amarillento

Libra: verde esmeralda

Escorpión: verde–azul

Sagitario: azul

Capricornio: índigo

Acuario: violeta

Piscis: carmesí

Si no encuentra un color que le guste en las listas anteriores, use un cuarzo transparente o escoja un cristal o una gema que le atraiga.

Una vez que tenga su cristal o gema necesitará consagrarla para el propósito determinado de ayudarle a establecer contacto instantáneo con su ángel astrológico. Nuevamente, deberá realizar un ritual.

Coloque un altar o una mesita en el centro del área en que establecerá el círculo mágico. Coloque en el altar el cristal, un recipiente con agua y otro pequeño con sal.

Tome un baño de tina o regadera antes de comenzar el ritual, y vista prendas limpias y holgadas de color blanco. Si no tiene ropa blanca, trabaje desnudo o póngase las prendas del color más pálido que tenga.

1. Trace el círculo mágico, ya sea en su mente o con objetos tales como velas, para señalar los cuatro puntos cardinales.

2. Entre al círculo, encienda la vela de su altar e invoque a los cuatro arcángeles, comenzando con Rafael en el Este, continúe con Miguel en el Sur, Gabriel en el Oeste y Uriel en el Norte.

3. Levante el cristal que está consagrando y sosténgalo a la altura del pecho en la palma de su mano derecha, que debe descansar en la palma de su mano izquierda. Vuélvase al Este y hable con Rafael, dígale que desea consagrar ese cristal para poder usarlo al ponerse en contacto con su ángel astrológico. Las palabras que use no son importantes. Puede decir algo así: "Arcángel Rafael, gracias por estar hoy conmigo. Siempre te estoy agradecido por tu ayuda y protección. Te pido bendigas este cristal para poder usarlo para establecer contacto con (el nombre del ángel), mi ángel astrológico. Gracias". Haga una pausa hasta que reciba la respuesta y luego vuélvase al Sur para hablar con Miguel.

4. Después de hablar con los cuatro arcángeles y recibir su bendición, sostenga el cristal contra su pecho durante unos instantes y luego colóquelo sobre el altar. Háblele. "Tengo la bendición de los cuatros poderosos arcángeles para consagrarte y que me sirvas como contacto con (el nombre del ángel)". Levante el cristal con su mano derecha. "Ahora te consagro con el elemento fuego". Pase el cristal a través de la llama de la vela y luego colóquelo sobre el altar. "Ahora te consagro con el elemento aire". Pase el cristal entre el humo de la vela y luego vuelva a colocarlo en el altar. "Ahora te consagro con el elemento agua". Moje sus dedos en el recipiente y rocíe algunas gotas sobre el cristal. "Ahora te consagro con el elemento tierra". Tome algunos granos de sal y rocíelos sobre el cristal.

5. Levántelo y nuevamente sosténgalo en la palma de su mano derecha, que descansa sobre la palma de su mano izquierda. Hable al cristal, diciendo. "Gracias por estar de acuerdo en ayudarme. Te voy a cuidar lo mejor que pueda". Muestre el cristal a cada uno de los arcángeles.

6. Todavía sosteniendo el cristal, vuélvase hacia el Este y hable con su ángel astrológico. Note la conexión inmediata ahora que sostiene el cristal. Agradezca la ayuda de su ángel astrológico.

7. Coloque el cristal en su altar frente a la vela; apáguela y cierre el círculo.

Su cristal ya está listo para usarse. Llévelo consigo siempre que sea posible. Cuando sienta la necesidad de ponerse en contacto con su ángel astrológico, sostenga o toque el cristal y de inmediato podrá comunicarse con él.

Carta de cumpleaños

Esta es una carta especial que puede escribir a su ángel astrológico una vez al año, el día de su cumpleaños. Antes de escribirla necesita bañarse y cambiar sus ropas. Sería ideal que aquí le agradeciera por haberle cuidado durante el año anterior, y también que le diera las gracias por su amor, protección y cuidados durante el año siguiente. También puede —ya que es su cumpleaños— hacer una petición especial para el año venidero. Es necesario que lo piense muy bien, pues sólo le está permitida una petición. Ésta puede ser para usted o para alguien de su interés.

Una vez que haya escrito la carta guárdela en un sobre y diríjala a su ángel. Colóquela bajo su almohada durante dos semanas. El ver la carta todas las noches al acostarse le ayudará a grabar su petición en la mente. Quizá tenga sueños relacionados con su deseo.

Si despierta con un claro recuerdo del sueño, escríbalo tan pronto como sea posible para evitar olvidarlo a medida que transcurra el día. Si al despertar recuerda una parte del sueño, permanezca acostado sin moverse durante un par de minutos y piense en las partes que recuerda. Con frecuencia esto le permitirá recuperar el recuerdo completo del sueño. Si despierta sabiendo que ha soñado pero no puede recordarlo, nuevamente permanezca acostado sin moverse durante unos minutos y deje que sus pensamientos vayan a donde deseen. A veces le llevarán de vuelta a su sueño. No hay que preocuparse si no lo recuerda. Si está destinado a tener la información, soñará lo mismo una y otra vez, hasta que lo recuerde. (Ver el capítulo 8 para mayor información sobre sueños con los ángeles).

Después de dos semanas necesita "enviar" la carta. Esto es un asunto serio y debe realizar una pequeña ceremonia o ritual. Si pertenece a un signo de fuego (Aries, Leo y Sagitario), debe encender una vela blanca, pensar en su petición y luego quemar la carta, lo que la enviará a su ángel.

Si pertenece a un signo de tierra (Tauro, Virgo y Capricornio), puede enterrar la carta o rociarla con sal (que representa al elemento tierra) y luego quemarla.

Si es de un signo de aire (Géminis, Libra y Acuario), puede hacer un dardo con la carta y lanzarlo desde un lugar elevado, tal como la cima de una colina o un edificio alto. Como alternativa, puede pasar la carta varias veces a través del humo de una vela antes de quemarla.

Y si es de un signo de agua (Cáncer, Escorpión, Piscis), puede hacer un pequeño bote de papel con la carta y soltarlo en un arroyo o río. Como alternativa, puede rociarla con agua antes de quemarla.

Con algunos de estos métodos existe la posibilidad de que alguien más lea la carta. Para evitarlo, puede escribirla con tinta invisible. Otra alternativa es usar uno de los muchos alfabetos mágicos que se han inventado desde hace años, para asegurarse de que los secretos continúen ocultos.

Es difícil pensar en algo más importante que la sanación. Los ángeles juegan un papel importante en sanaciones de todo tipo. Podemos solicitar su ayuda para sanar plantas, animales, personas y aun nuestro planeta. En el siguiente capítulo daremos un vistazo a la sanación.

Seis

Sanando con los ángeles

Todos somos sanadores y tenemos el poder de
enviar sanación a otros. A veces, esto puede
ser tan sencillo como una sonrisa o un suave toque. Hace años, leí sobre un hombre que estaba
planeando suicidarse. Cuando caminaba hacia el
puente del que pensaba saltar, se cruzó con una
persona. El extraño le sonrió, y eso bastó para
salvarle la vida. Me inclino a pensar que el extraño bien pudo haber sido un ángel.

Sanar implica mucho más que curar una enfermedad. La curación emocional, mental y espiritual es igual de importante y debe ser parte de
cualquier trabajo de sanación que realice.

Rafael es el ángel al que se asocia con más frecuencia con la sanación, pero todos están deseosos de ayudarle. Todo lo que tiene que hacer es pedirlo. Por lo general, lo mejor es tratar el asunto primero con su ángel de la guarda, aunque puede comunicarse directamente con cualquier otro ángel si lo desea.

Si está sanándose, quizás pida ayuda a su ángel de la guarda. Puede hacer lo mismo por los animales y plantas. Sin embargo, es más complicado cuando se trata de sanar a otras personas.

Algunos prefieren estar enfermos, pues puede atraerles el recibir atención, por ejemplo. Pueden ser más felices acostados en la cama que aventurarse en lo que perciben como un mundo peligroso y estresante. En consecuencia, la mayoría de las veces no debe enviarse sanación a otra persona sin su permiso.

Habrá ocasiones en que no podrá obtener el consentimiento. Si la persona está inconsciente o no es posible establecer contacto con ella por alguna razón, puede pedir a los ángeles que envíen la sanación. En este caso, solicíteles que envíen la sanación que la persona desee.

Muchos psíquicos y sanadores espirituales reciben la ayuda de los ángeles, y con frecuencia, cuando se encuentran sanando a otras personas, perciben su presencia. A veces, sus pacientes sienten la ayuda de otro par de manos, o experimentan fuertes sentimientos de amor y compasión mientras que el sanador trabaja con ellos.

Algunos son sanadores natos, pero es una habilidad que cualquiera puede desarrollar, y depende de usted qué tanto quiera aprender. Algunos tienen una afinidad natural con las plantas; son maravillosos jardineros, y cualquier planta que cuidan, prospera. Otros se ven atraídos hacia los animales. Hay quienes trabajan como comunicadores con animales, y pueden usar su habilidad para ayudar a sanar las mentes, cuerpos y almas de los animales con que entran en contacto. Conozco un psíquico de mascotas que tiene una afinidad especial con los perros y trabaja exclusivamente con ellos.

La Comunidad Espiritual Findhorn

La historia de Findhorn es un relato típico de cómo un grupo de personas pudo trabajar con los ángeles para crear un jardín famoso en el mundo.

En 1962, Dorothy Maclean y sus amigos Peter y Eileen Caddy se mudaron a la costa este de Escocia con el propósito de desarrollar un centro bajo guía espiritual. Dorothy Maclean trabajó en el jardín tan pronto descubrió que se estaba comunicando con los ángeles, o *devas*, de las diferentes plantas. Comenzó con un jardín de guisantes, y descubrió que cada especie posee un alma. A esto lo llamó deva, o ángel.

Luego de su descubrimiento, sintió una presencia que vigilaba toda el área. Lo llamó el ángel paisajista. A medida que entró más y más en armonía con el reino angelical, fue presentada a un ángel de la serenidad y un ángel del sonido. Finalmente, conoció al ángel de Findhorn. Con ayuda de ellos, el jardín prosperó y la gente se volcó al área para admirar las coles de diecinueve kilos, los delfinios de dos metros y medio de altura, y otras plantas.

Maclean escribió varios libros sobre su experiencia, incluyendo *To Hear the Angels Sing* and *The Findhorn Garden*.[23] (Escuchar a los ángeles cantar en el jardín de *Findhorn*). Estos libros han inspirado a muchas personas a trabajar con los ángeles en sus jardines.

Rafael, el Arcángel de la sanación

El nombre Rafael significa "Dios sana". Existen muchas historias acerca de las habilidades sanadoras de este arcángel. Se cree que sanó a Abraham después de su circuncisión. También curó la cadera dislocada de Jacob, después de que éste había pasado la noche peleando.[24] Puede llamar a Rafael si sufre de algún tipo de dolor. Al igual que con la curación física, Rafael puede ayudar también en la sanación mental, emocional y espiritual. Por ejemplo, puede evocarlo para sanar las relaciones entre dos personas. También se le puede pedir que sane las relaciones entre dos países.

Rafael es el ángel sanador más conocido, en gran parte debido a la hermosa historia de Tobías y Rafael, registrada en el libro *Book of Tobit*, uno de los textos apócrifos. (Los apócrifos se incluyen en la Biblia católica romana, pero no son parte de la Biblia protestante). Esta historia cuenta cómo Dios envió a Rafael a sanar a dos personas.

La primera de ellas fue Tobit, un buen judío que había estado ciego durante ocho años. Debido a que no podía ganarse la vida, su familia había pasado tiempos difíciles, y Tobit oró a Dios pidiéndole la muerte. En el mismo instante en que la

---

23. Dorothy Maclean, *To Hear the Angels Sing* (Hudson, NY: Lindisfarne Press, 1994).

24. Louis Ginzberg, *The Legends of the Jews, volumen 1* (Philadelphia: The Jewish Publication Society of America, 1954), 385.

oración de Tobit arribó al cielo, llegó otra de una joven mujer llamada Sara, que estaba poseída por un demonio que había asesinado a sus siete esposos en la noche de bodas; no es para sorprenderse que pensara que no valía la pena vivir.

Tobit comenzó a poner en orden sus asuntos y le pidió a su hijo Tobías ir a Medina a cobrar una deuda. Puesto que era muy peligroso ir solo, Tobías buscó un guía para que le acompañase. El hombre que escogió era Rafael, pero él no lo sabía.

La primera noche de la jornada, Tobías y su guía acamparon junto a un río, donde un gran pez trató de tragarse el pie de Tobías. Éste capturó al enorme pez, y el guía le dijo que guardara el corazón, el hígado y la vesícula, pues podían usarse para hacer un buen medicamento.

A medida que se acercaban a su destino, el guía le contó a Tobías acerca de Sara, y le sugirió que la desposara. Bastante nervioso, Tobías accedió. En la noche de bodas, Tobías quemó el corazón y el hígado del pescado en una fogata en la recámara nupcial. Esto exorcizó al demonio, quien huyó a "las partes más altas de Egipto". El padre de Sara quedó encantado y dio a Tobías la mitad de su fortuna. La familia regresó a casa, y el guía le indicó frotar con la vesícula del pez los ojos de su padre. Esto le devolvió la vista.

Tobit y Tobías estaban tan agradecidos con el guía que le ofrecieron la mitad de la fortuna. Éste les dijo: "Yo soy uno de los siete ángeles que están listos y se presentan ante la gloria de Dios... cuando estaba contigo no obraba por mi propia voluntad, sino por voluntad de Dios". Después de esto, habiendo sanado tanto a Tobit como a Sara, Rafael regresó al cielo.

No es sorprendente que el libro *Book of Tobit* estableció a Rafael en el papel de arcángel de la sanación. En él también se trata el problema de conciliar la calamidad y el mal con la justicia divina. Finalmente, la fe de Tobit como la de Sara fue recompensada. Esta encantadora historia nos dice que no estamos solos, y que un ángel sanador siempre nos acompaña. Todo lo que necesitamos es reconocer el hecho.

Esta historia era favorita entre los antiguos autores cristianos, y los pintores del Renacimiento se deleitaban representando a Rafael y Tobías, por lo general con un pez.

Miguel, el Arcángel de la fortaleza y protección

El arcángel Miguel también tiene un gran interés en sanar. A él se le atribuye la creación de un manantial sanador en Chairotopa, cerca de Coloseo. Este estanque se volvió muy popular, pues se creía que quien se bañara en sus aguas mientras invocaba a la Santísima Trinidad y a Miguel, se curaría. Miguel también hizo brotar de una roca otro manantial sanador en Coloseo. Algunos habitantes de la localidad trataron de destruir la roca, pero Miguel la partió con el golpe de un relámpago, santificando el agua y haciendo que el arroyo fluyera en una nueva dirección.[25]

Miguel también se apareció al Emperador Constantino en Sosthenion, a 80 kilómetros al sur de Constantinopla. Como resultado los enfermos comenzaron a dormir en la iglesia local, esperando ver a Miguel.

A él se le atribuye también el haber eliminado la peste que había diezmado a Roma. San Gregorio, quien después sería

---

25. Rosemary Ellen Guiley, *Encyclopedia of Angels* (New York: Facts on File, 1996), 128.

Papa, encabezó al populacho en una procesión de tres días a través de las calles de Roma. Finalmente llegaron a la Tumba de Adriano. Gregorio tuvo una visión de Miguel parado sobre el monumento, envainando casualmente una espada ensangrentada. Gregorio notó que la peste había terminado y erigió una iglesia en ese sitio, la cual dedicó a Miguel.

A Miguel se le puede pedir que nos dé tanto fuerza como protección para las personas enfermas.

Sariel

El nombre Sariel significa "el mandato de Dios". Se cree que es un arcángel y lo mencionan junto con Miguel, Gabriel y Rafael en los pergaminos del mar Muerto. En el libro *First Book of Enoch* (Primer libro de Enoch), también aparece como uno de los siete arcángeles. En la Cábala es considerado uno de los siete ángeles que rigen el planeta Tierra. En el Talmud, a Sariel se le reconoce como el ángel que instruyó a Moisés. También enseñó al Rabino Ismael los principios de la higiene y se le considera, junto con Rafael, uno de los principales ángeles de la sanación.

Debido a su interés en la limpieza y la higiene, es el ángel que debemos invocar para ayudarnos a sanar infecciones y otras enfermedades provocadas por falta de limpieza o mala higiene.

Sanando con su ángel de la guarda

Debe ponerse en contacto con su ángel de la guarda en cualquier enfermedad que no amenace su vida. Una de mis vecinas tiene un empleo muy estresante, y sufre de frecuentes jaquecas por tensión. Le sugerí que pidiera ayuda a su ángel de la guarda. Todavía sufre dolores de cabeza, aunque ya no tan frecuentes.

Siempre que comienza la jaqueca, se dirige al baño de su oficina y pasa un par de minutos en comunión con su ángel de la guarda. Con eso basta para eliminar la jaqueca y puede continuar con su trabajo, sintiéndose relajada y revitalizada.

Usted puede ponerse en contacto con su ángel guardián directamente para pedirle la sanación. Otra alternativa es incluir la petición durante una de sus comunicaciones regulares con su ángel especial. La mayoría de las veces su ángel no le sanará al instante. Sin embargo, los milagros suceden. Por lo general, le ayudará a comprender qué está ocasionando la molestia, para que pueda encargarse de las razones subyacentes.

Aquí le presentamos un esbozo posible si desea crear un ritual de sanación específico:

1. Siéntese tranquilamente en una silla cómoda. Cierre los ojos y relájese.

2. Cuando se sienta totalmente relajado, visualice la escena más apacible que pueda imaginar. En mi caso varían, pero por lo general incluyen una pradera cubierta de hierba, un arroyo que fluye suavemente y un bosque de pinos. Disfrute relajándose en esta apacible escena durante uno o dos minutos y luego pida a su ángel guardián que se le una. Haga una pausa hasta que tenga la certeza de que él ha llegado. Puede ser útil visualizar a su ángel reuniéndose con usted en la escena tranquila. Cuando llegue, sonría y salúdelo.

3. Agradezca a su ángel por cuidar de sus asuntos. Cuéntele su problema de salud con tanto detalle como pueda. Obviamente esto no siempre es fácil. No es difícil

hablar acerca de una jaqueca o un tobillo torcido, pero puede ser complicado hablar de un apéndice herniado o de diverticulitis. No hay necesidad de profundizar en los aspectos técnicos del malestar. Su ángel sabrá qué hacer para ayudar en el proceso de sanación.

4. Pida ayuda a su ángel de la guarda. Visualice cómo coloca sus manos sobre la parte afectada de su cuerpo y sienta la energía sanadora que fluye a través de cada célula de su ser.

5. Déle las gracias a su ángel por dejarlo bien nuevamente. Trate con él cualquier otro asunto que desee. Una vez que la conversación haya finalizado, agradézcale nuevamente y despídase.

6. "Véalo" partir. Pase uno o dos minutos más en su sitio tranquilo antes de hacer unas cuantas inhalaciones profundas y lentas, y abra los ojos.

7. Piense en la experiencia durante unos minutos antes de ponerse de pie. Escriba cualquier sugerencia que su ángel guardián haya hecho durante el ritual.

8. Cuando esté listo, continúe con su día.

También puede pedir a su ángel que se comunique con los ángeles guardianes de otras personas que puedan ayudarle en su proceso de sanación. Por ejemplo, antes de visitar al doctor, al dentista o al quiropráctico, puede pedirle a su ángel que hable con los ángeles de estas personas para asegurarse de que le ayudarán de la mejor forma posible.

Cómo su ángel de la guarda puede ayudarle a sanar a otras personas

A su ángel de la guarda también le gusta ayudarle a sanar a otras personas. En sus sesiones con él, puede pedirle que se ponga en contacto con el ángel guardián de otra persona para que le comunique sus deseos de un buen bienestar.

El Papa Pío XI (1857–1939) rezaba a su ángel guardián cada mañana y noche. Cuando sabía que iba a tener una reunión difícil, pedía a su ángel guardián que previamente se pusiera en contacto con el ángel de la otra persona. Una vez que los dos ángeles habían resuelto cualquier posible dificultad, la reunión se celebraba armoniosamente. El Papa fue famoso por sus habilidades diplomáticas. Su logro más grande ocurrió en 1929, cuanto terminó la disputa sobre soberanía papal y creó la ciudad del Vaticano como estado papal.

La reina de los ángeles

María, madre de Jesús, es especialmente venerada por la iglesia católica, cuyos adeptos creen que puede consolar y sanar a los que piden su ayuda. Existen numerosos relatos de sus visitaciones como Reina de los Ángeles para ayudar a los necesitados. Supuestamente, la más famosa ocurrió fuera de Lourdes, en el Suroeste de Francia en 1858. Entre el 11 de febrero y el 16 de julio, una niña de catorce años de edad llamada Bernadette Soubirous vio a la virgen María quince veces, en una gruta junto a un arroyo cercano al pueblo. Veinte mil personas acudieron para la última visitación. En 1862 la iglesia católica declaró auténticas las visitaciones, permitiendo que prosiguiera el culto a Nuestra Señora de Lourdes. Cada año más de tres millones de peregrinos visitan el sitio.

Los ángeles han acompañado a la virgen María cuando menos en cuatro apariciones: en México, 1531, en París, 1830, en Knock, Irlanda, 1879 y en Fátima, 1917.

No es necesario ser católico para acudir a María, Reina de los ángeles. La mejor forma de tener contacto con ella es mediante una sencilla oración. Yo prefiero rezarle dentro de mi círculo mágico, pero esto no es necesario. Puede hablarle mediante la oración cuando lo desee.

Los ángeles de la sanación

Uno de mis antiguos mentores fue Geoffrey Hodson (1886–1983), un dotado psíquico, autor eminente y teósofo de toda la vida. Geoffrey comenzó a estudiar a los ángeles en 1931, y su experiencia angelical más notable ocurrió tres años después, cuando se encontraba sentado en una colina en Gloucestershire. Mientras meditaba, el cielo se llenó de repente de luz y su conciencia fue avasallada por la increíble luz radiante. Percibió un ser celestial que armonizó su mente con la de él, permitiéndole dar un vistazo a la sabiduría del universo. Este ser era un ángel llamado Bethelda.

El ángel le explicó los propósitos, intereses, actividades y organización de las huestes celestiales. También le dijo que los ángeles siempre están prestos para ayudar a la gente, pues desean fomentar una relación más cercana con los seres humanos. Todo lo que la gente necesita es escuchar con cuidado y observar.

Geoffrey Hodson daba frecuentes conferencias en una sucursal de la Sociedad Teosófica a la que yo pertenecía, y aprendí mucho de él. Él creía que los ángeles, cada uno de los cuales tiene una tarea especial que realizar, guían a todo el cosmos. Aprendió de Bethelda que la hueste angélica podía dividirse en siete categorías o grupos.[26] No se trata de jerarquías, pues cada grupo es tan importante como cualquier otro. Esta es la lista de Bethelda:

1. Ángeles de poder. Se dedican a ayudar a que los humanos desarrollen su espiritualidad.

2. Ángeles de sanación. Ayudan a las personas a evitar las enfermedades y conservar la salud. También a recuperarse cuando se enferman.

3. Ángeles guardianes del hogar. Guardan y protegen cada hogar.

4. Ángeles constructores. Nos inspiran a lograr todo lo que podamos con la mente, cuerpo y espíritu.

5. Ángeles de la Naturaleza. Son los espíritus elementales, a veces llamados devas, que viven en el fuego, la tierra, el aire y el agua.

6. Ángeles de la música. Cantan alabanzas a Dios e inspiran a las personas a cantar y adorar a Dios.

7. Ángeles de la belleza y el arte. Inspiran a todos los que están involucrados en propósitos creativos. También permiten que las personas aprecien la belleza en todas sus formas.

A los ángeles de sanación se les puede invocar cada vez que se requiera curar algo. Rafael es la cabeza de estos ángeles que

---

26. Geoffrey Hodson, *The Brotherhood of Angels and Men* (Londres: The Theosophical Publishing House, 1927).

trabajan incesantemente con las personas que no se encuentran bien. Estos ángeles curan, consuelan y acompañan a los acongojados. Bethelda le informó a Geoffrey que los ángeles sanadores luchan por ayudar a la humanidad, pues muchas personas tienen cerrados la mente y el corazón, y esto disipa y disuelve las energías sanadoras.

Los ángeles del alivio y el consuelo

Varias enfermeras me han relatado su experiencia cuando tratan pacientes moribundos. Con frecuencia perciben presencias invisibles que visitan a los pacientes, dándoles ayuda, guía y apoyo. Muchas personas que han sobrevivido a experiencias cercanas a la muerte comentan sobre la ayuda y compasión recibida de los seres que están al otro lado. Este conocimiento ha ayudado a muchos a reconocer que la muerte no es el fin.

Lo mejor que se puede hacer para ayudar y apoyar a un amigo o pariente moribundo es dedicarles tiempo. Siéntese a su lado, evoque remembranzas, rece, ayúdelos en sus quehaceres, y hable abierta y sinceramente acerca de cualquier tema que la persona desee tratar. Una anciana que conocí le gustaba en especial que le leyeran sus poemas favoritos.

Durante las sesiones con su ángel de la guarda puede pedirle que envíe amor al ángel guardián de la otra persona. Cuando la persona haya fallecido, contacte al Arcángel Gabriel, ya sea de manera directa o a través de su ángel guardián, y pídale que ayude a su amigo o pariente cuando entre al otro mundo.

La muerte es considerada como el tabú final. No es de asombrarse que a través de la historia se hayan contado numerosos relatos acerca del Ángel de la Muerte. Uno de mis favoritos es un cuento judío del siglo XIV.

Un hombre mayor llamado Reuben había llevado una vida ejemplar, pero en una ocasión se enojó e increpó a quien le había ganado su lugar de costumbre en la sinagoga. Al ver esto, Dios pidió al Ángel de la Muerte llevarse al hijo de Reuben como castigo por su mal comportamiento en la sinagoga. El hijo estaba a punto de contraer matrimonio y Reuben le suplicó al Ángel de la Muerte que permitiera a su hijo casarse y descubrir las alegrías de la vida matrimonial antes de llevárselo. Sus súplicas conmovieron al Ángel, y éste accedió.

Al ver esto, Dios reprendió al Ángel de la Muerte por su desobediencia; éste se sintió lastimado por las duras palabras y decidió llevarse al hijo después de todo. El profeta Elías se enteró de estos planes e informó al hijo que a su boda llegaría un viejo vestido con harapos. Sería el Ángel de la Muerte.

La boda se llevó a cabo y el Ángel de la Muerte apareció. Reuben ofreció tomar el lugar de su hijo. Sin embargo, cuando el Ángel sacó su espada para cortarle la cabeza, Reuben escapó. Su esposa también se ofreció, pero también huyó. Finalmente la novia se ofreció a tomar el lugar de su nuevo esposo. Cuando no pudo huir como los demás, el Ángel de la Muerte empezó a llorar. Dios decidió tener misericordia y ordenó irse al Ángel. Después, concedió tanto a la novia como al novio setenta años más de vida.

El hijo de Reuben fue muy afortunado. Pocas personas tienen la suerte de escapar del Ángel de la Muerte. Esto se demuestra en la famosa historia judía del siglo V.

El Rey Salomón tenía numerosos talentos además de la sabiduría. También entendía el lenguaje de los pájaros. Una mañana escuchó a las aves decir que el Ángel de la Muerte se llevaría a dos de sus más íntimos amigos y consejeros. Cuando el rey les comunicó su inminente destino, ellos le rogaron que los ayudara. Les sugirió escapar a una ciudad mágica llamada Luz, pues al Ángel de la Muerte no se le permitía la entrada. Los habitantes de Luz nunca mueren, siempre y cuando permanezcan dentro de las murallas de la ciudad. Puesto que se trataba de un lugar mágico su ubicación exacta era un secreto. Por fortuna, el rey Salomón sabía dónde estaba y dio instrucciones a sus amigos para llegar ahí. Ellos cabalgaron hacia allá tan pronto como pudieron, pero llegaron tarde. Esperándolos afuera de las puertas se encontraba el Ángel de la Muerte.

Cada cultura tiene relatos parecidos, que muestran que ninguno de nosotros puede escapar a la muerte. En tiempos pasados, el Ángel de la Muerte provocaba miedo en la mente de las personas, pues no sabían si el ángel les llevaría al cielo o al infierno. Para muchos esto ya no es una preocupación, pero pocos de nosotros tenemos prisa por encontrarnos con él.

❧ Siete

Los ángeles
de la abundancia

Siempre que hablo acerca de los ángeles de la abundancia la gente piensa de inmediato en términos de dinero y posesiones materiales. Sin embargo, abundancia significa mucho más que eso. Significa un copioso suministro de todas las cosas buenas de la vida: una relación satisfactoria, una carrera valiosa, vacaciones estimulantes, pasatiempos qué disfrutar, buenas amistades, excelente salud, recia fe y dinero suficiente para satisfacer las necesidades.

Muchos encuentran difícil creer que pueden disfrutar de abundancia en todas las áreas de la vida. Ellos carecen de fe. Vivimos en un mundo de abundancia. Para constatarlo, lo único que necesitamos hacer es fijarnos en cuán fecunda es la Naturaleza.

Es triste, pero muchas personas atraen la carencia más que la abundancia. Lo hacen al tener pensamientos negativos constantes. Por lo general no es su culpa, pues la conciencia de pobreza comienza en la niñez. Si cuando usted estaba creciendo su familia expresaba de manera regular creencias tales como: "el dinero no crece en los árboles", es probable que tenga conciencia de pobreza.

Por fortuna, los ángeles de la abundancia están deseosos de ayudarle a cambiar esos patrones habituales de comportamiento, que afectan su capacidad de atraer y disfrutar de todas las cosas buenas de la vida.

Jessie Belle Rittenhouse (1869–1948), poeta popular estadounidense, escribió un famoso poema llamado *The Wage* (El salario):

> *Yo regatee con la vida por un centavo,*
> *y la Vida no pagaba más,*
> *sin embargo rogué por la noche*
> *cuando conté mi escasa provisión;*
> *pues la Vida es un justo patrón,*
> *te da lo que pidas,*
> *pero cuando has fijado el salario,*
> *pues, debes tolerar la tarea.*
> *Trabajé por una paga ruin,*
> *tan solo para aprender, desalentado,*
> *que el salario que hubiera pedido a la Vida,*
> *la Vida me lo habría pagado.*[27]

---

27. Jessie B. Rittenhouse, *The Door of Dreams* (Boston: Houghton Mifflin, 1918), 25.

No te conformes con centavos cuando sabes que vales mucho, mucho más.

La risa

G. K. Chesterton escribió: "Los ángeles pueden volar porque no se toman en serio". Siempre que experimente alegría y risas puede estar seguro de que los ángeles se encuentran cerca. De vez en cuando es aceptable ser frívolo. Todo lo que haga reír es bueno para el alma.

Siempre que haga reír a alguien, le están bendiciendo los ángeles. Trate de hacer reír cuando menos a una persona cada día. Aparte de la creciente popularidad de que gozará, estará rodeado constantemente por ángeles alegres y felices.

La felicidad

Hace más de treinta años, mi amigo Lao T'zu me dijo: "Si quieres ser feliz, sé feliz". Fue un consejo maravilloso, engañosamente sencillo que he tratado de seguir desde entonces. Cuando se siente feliz, está viviendo una vida de abundancia. Un mendigo feliz disfruta de una vida más plena y abundante que un multimillonario infeliz.

Todos tenemos altibajos en la vida. El truco es mantener una actitud saludable sin importar lo que suceda. Esfuércese en ser feliz cuando la vida parezca sombría y triste. Tenga pensamientos felices y exprésalos a los demás. También, trate de hacer feliz a otras personas. Su actitud positiva puede ayudar a sacar a otros de su miseria.

Aún más importante es que lo que exprese, regresará a usted multiplicado. Si expresa felicidad recibirá a cambio abundante felicidad. La misma ley se aplica si piensa en términos de prosperidad. Recibirá de vuelta prosperidad. Hable de salud en vez de enfermedad. Las personas que hablan constantemente de su mala salud experimentan más dolencias. Hable de las oportunidades en vez de las limitaciones. Hable de amabilidad, amor, virtudes y progreso. Si piensa constantemente en vivir una vida plena de abundancia, la ley de atracción le asegurará que a la postre la posea.

Cómo ponerse en contacto con los ángeles de la abundancia

Los ángeles de la abundancia están esperando que les llame, pues desean ayudarle a alcanzar sus metas. Todo lo que necesita para este ritual son algunas velas blancas, la Biblia y fe. No importa el número de velas, pero como se trata de un ritual de abundancia, es bueno usar más de una. Por lo general yo utilizo ocho; en el feng shui, el ocho significa prosperidad en el futuro cercano.

El siguiente es un ejemplo de ritual que involucra a los ángeles de la abundancia:

1. Prepárese de la forma acostumbrada tomando un baño y cambiando su ropa por prendas limpias y cómodas.

2. Trace un círculo e invoque a Rafael, Miguel, Gabriel y Uriel.

3. Encienda las velas de su altar.

4. Recite el Salmo 91, el salmo de la serenidad: "El que habita al abrigo del Altísimo morará bajo la sombra del Omnipotente. Diré yo del Señor, Él es mi refugio y mi fortaleza: mi Dios; en Él confiaré. Ciertamente Él te librará del lazo del cazador, de la peste destructora. Con

sus plumas te cubrirá, y debajo de sus alas estarás seguro; escudo y adarga es su verdad. No temerás el terror nocturno, ni saeta que vuele de día, ni pestilencia que ande en oscuridad, ni mortandad que en medio del día destruya. Caerán a tu lado mil, y diez mil a tu diestra; mas a ti no llegará. Solamente con tus ojos mirarás y verás la recompensa de los impíos. Porque has puesto al Señor, que es mi esperanza, al Altísimo por tu habitación, no te sobrevendrá mal, ni plaga tocará tu morada. Pues a sus ángeles mandará para ti, que te guarden en todos tus caminos. En las manos te llevarán, para que tu pie no tropiece en piedra. Sobre el león y el áspid pisarás; hollarás al cachorro de león y al dragón. Por cuanto en mí ha puesto su amor, yo también lo libraré; le pondré en alto, por cuanto ha conocido mi nombre. Me invocará, y yo le responderé; con él estaré yo en la angustia; lo libraré y le glorificaré. Lo saciaré de larga vida, y le mostraré mi salvación".

5. Vuelto hacia el Este, cierre los ojos y pida a los ángeles de la abundancia que vengan en su ayuda. Permanezca el tiempo necesario en callada contemplación hasta que perciba su presencia. Hábleles abierta y sinceramente acerca de su vida, y dígales lo que desea. Explique por qué lo necesita, y a quién beneficiará esta bendición. Dígales que está preparado a actuar para ayudar a que su sueño se haga realidad.

6. Cuando haya terminado de hablar haga una pausa y espere para ver si recibe una respuesta inmediata. Quizá

escuche palabras, pero lo más probable es que suceda en forma de pensamiento, o una sensación de que todo saldrá bien. Una vez que haya recibido el reconocimiento, agradezca a los ángeles de la abundancia y despídase.

7. Abra los ojos y lea en voz alta el Salmo 23, el salmo de la Fe: "El Señor es mi pastor, nada me faltará. En lugares de delicados pastos me hará descansar; junto a aguas mansas me pastoreará. Confortará mi alma; me guiará por sendas de justicia por amor de su nombre. Sí, aunque camine por el valle de la sombra de la muerte, no temeré mal alguno, porque tú estarás conmigo; tu vara y tu cayado me alentarán. Aderezas la mesa ante mí en presencia de mis enemigos: unges mi cabeza con aceite; mi copa rebosa. Ciertamente el bien y la misericordia me seguirán todos los días de mi vida; y moraré en la casa del Señor para siempre".

8. Agradezca a los arcángeles y cierre el círculo.

9. Permanezca unos minutos en callada contemplación antes de seguir con su día. Deberá experimentar un sentimiento de tranquila confianza en que sus deseos serán cumplidos.

Se preguntará por qué se usan dos salmos bíblicos en este ritual. Los salmos están llenos de enseñanzas esotéricas relacionadas con el poder de la fe. Los salmos 23 y 91 son dos de los más importantes al respecto, y le ayudarán a lograr abundancia en su vida.

Ritual nocturno

Este es un breve ritual que puede realizar en cama por la noche. Lo puede hacer a cualquier hora del día, pero es más efectivo justo antes de dormir, ya que su subconsciente trabajará en él mientras usted duerme.

1. Vaya a la cama de la manera acostumbrada. Cuando apague la luz descanse sobre su espalda, cierre los ojos y diga una sencilla oración de agradecimiento a Dios por el día que ha tenido.

2. Invite a Rafael, Miguel, Gabriel y Uriel a unírsele. Yo visualizo a Rafael a mi derecha, Gabriel a mi izquierda, Miguel frente a mis pies y Uriel detrás de mi cabeza.

3. Agradezca a los arcángeles la ayuda que prestan a usted y a toda la humanidad. Con los ojos todavía cerrados, imagine que está viendo directamente hacia el cielo. Con los ojos de su mente podrá ver las estrellas y los planetas. En silencio pida a los ángeles de la abundancia que vengan. Quizá los "vea" descendiendo del cielo y dando vueltas justo arriba de usted.

4. Hable con los ángeles tanto como desee y escuche cuidadosamente sus respuestas. Agradézcales su ayuda y véalos ascender a los cielos.

5. Dé gracias a los arcángeles por su divina protección.

6. Pronuncie otra oración a Dios agradeciéndole las bendiciones presentes y futuras en su vida. Cuando haya

terminado de rezar, acomódese en la postura que acostumbra para dormir.

7. Duerma.

Este es un ritual muy agradable que puede realizar cada noche si lo desea. Los ángeles trabajarán por usted mientras duerme y quizá despierte con pensamientos relacionados con abundancia y riqueza.

Con frecuencia los ángeles se comunican con nosotros a través de los sueños. Somos más receptivos a este tipo de comunicación cuando estamos relajados y dormidos. Es por ello que muchas veces despertamos con respuestas a problemas que parecían insolubles al irnos a dormir. En el siguiente capítulo vamos a conocer esta agradable forma de comunicación.

❧ Ocho

Ángeles de los sueños

Los sueños siempre han fascinado a los seres humanos. El papiro Chester Beatty registra interpretaciones de sueños egipcios que datan de hace casi 4.000 años.[28] Mil años después, Homero, el poeta griego, registró en *La Ilíada* cómo un mensajero del dios Zeus visitó a Agamenón en sueños. *Oneirocritica*, escrito por Artemidoro, data del Siglo II (Era Común) y es el primer libro conocido de interpretación de sueños.

---

28. *Encyclopaedia Britannica, Macropaedia,* volumen 5 (Chicago: Encyclopaedia Britannica, Inc., 15ª edición, 1974), 1011.

Sin embargo, los sueños ya se usaban en la adivinación y las profecías miles de años atrás. Los pueblos de la antigua Babilonia, Egipto, Grecia, Roma y el Medio Oriente creían que la adivinación se transmitía en forma de sueños, y así nació una variedad de procedimientos para tratar de interpretar los mensajes que llegaban.

En la Biblia se encuentran numerosas referencias a sueños. El de Jacob, de una escalera entre la tierra y el cielo, por la que los ángeles subían y bajaban (Génesis 28:12–15) fue un tema favorito entre los artistas del Renacimiento.

José se destacaba en la interpretación de sueños. El ejemplo más famoso es aquel cuando descifró el sueño del faraón acerca de siete vacas gordas y siete flacas (Génesis 41:1–7). En el evangelio según Mateo, San José recibió dos mensajes importantes de los ángeles durante el sueño. En el primero le dijeron: "José, hijo de David, no temas recibir a María tu mujer, porque lo que en ella es engendrado, del Espíritu Santo es" (Mateo 1:20). Más tarde, después del nacimiento de Jesús: "El ángel del Señor apareció en sueños a San José y dijo: 'Levántate, y toma al niño y a su madre, y huye a Egipto, y permanece allá hasta que yo te diga; porque Herodes buscará al niño para destruirlo'" (Mateo 2:13). Después de la muerte del rey Herodes, San José recibió otro mensaje: "He aquí, un ángel del Señor apareció en sueños a San José en Egipto, diciendo: 'Levántate, toma al niño y a su madre, y vete a tierra de Israel, porque han muerto los que procuraban la muerte del niño'" (Mateo 2:19–20).

San Patricio, (c. 385–c. 461), santo patrono de Irlanda, recibió en sueños el mensaje de un ángel que le cambió la vida.

Cuando tenía dieciséis años, fue capturado por piratas y vendido a un jefe de la tribu Antrim en Irlanda. Escapó seis años después, luego de recibir un mensaje en sueños de Dios. Patricio tomó esto como señal de que debía abandonar Irlanda. Después de hacerlo, soñó con un ángel, quien le dijo que regresara a Irlanda como misionero. Después de quince años de estudiar y trabajar en Francia, Patricio retornó a su país y se le atribuye haber dado a conocer el cristianismo a los irlandeses.

Durante los primeros quinientos años de cristianismo, muchos prestaban gran atención a sus sueños esperando descubrir la voluntad de Dios. Un número de antiguos líderes cristianos, incluyendo a Ireneo, Clemente de Alejandría, Orígenes, Tertuliano, Atanasio, San Agustín y San Gregorio el Grande, escribieron ampliamente acerca de sus visiones en sueños y consideraban éstos como un regalo de Dios.

Puede parecer extraño que un don tan valioso de pronto se convirtiera en algo que había que evitar. Parece que cuando San Jerónimo preparaba la Biblia Vulgata, basada en una traducción de manuscritos griegos y hebreos, deliberadamente tradujo mal las palabras hebreas para "brujería" y "adivinación" en varias ocasiones. En vez de escribir "No practicarás el augurio o la brujería", San Jerónimo escribió: "No practicarás el augurio ni observarás los sueños". [29] En consecuencia, los sueños dejaron de tener un papel activo en el trabajo espiritual hasta fines del

---

29. Morton Kelsey, *God, Dreams and Revelation: A Christian Interpretation of Dreams* (Minneapolis: Augsburg, 1974). Publicado originalmente como *Dreams: The Dark Speech of the Spirit* (Garden City, NY: Doubleday, 1968).

Siglo XX. John Sanford y Morton Kelsey fueron quienes redescubrieron el valor del trabajo con sueños.[30]

Cuando Mahoma (c. 570–632), fundador del Islam, tenía cuarenta años de edad, vio en sueños a Gabriel. Éste le dictó el Corán a través de una serie de visiones, y así comenzó esta religión.

Los ángeles se han aparecido en los sueños de personas también en épocas recientes. Un famoso ejemplo es aquel en que el ángel Moroni se apareció a Joseph Smith (1805–1844) en un sueño y le dijo dónde estaban enterradas las tablillas doradas. Este evento condujo a la fundación de la Iglesia de Jesucristo de los Santos de los Últimos Días.

Todos soñamos. Algunos aseguran que nunca recuerdan sus sueños, pero esto se debe a las diferentes capacidades de las personas para recordar. La mayor parte de los sueños ocurren hacia el final del ciclo de sueño, y estos se olvidan rápidamente cuando la persona despierta con el sonido de un despertador y tiene que saltar de la cama para alistarse para el día. Por fortuna, todos podemos mejorar la manera de recordar los sueños si así lo deseamos.

Recordar los sueños puede serle de utilidad de muchas maneras. Con frecuencia los sueños están relacionados con los sucesos de su vida, y puede obtener valiosos informes de cómo manejar una situación en particular. Los sueños recurrentes tienen un gran significado y con frecuencia se relacionan con asuntos no resueltos en el pasado. Los sueños premonitorios

---

30. Morton Kelsey escribió *God, Dreams and Revelation: A Christian Interpretation of Dreams* (ver nota 29). John A. Sanford es autor de *Dreams: God's Forgotten Language* (Philadelphia: Lippincott, 1968).

proporcionan valiosa información sobre el futuro. Muchos tienen sueños de sanación, en los que un ángel se aparece para decirles que han sido curados o bien para aconsejarles sobre la forma en que pueden sanarse.

También puede pedir sueños específicos antes de quedarse dormido. A veces los recordará al despertar, pero aún si no puede, la respuesta a su petición aparecerá en su mente.

Cómo dormir mejor

Para asegurarnos de tener sueños placenteros y poder recordarlos, es necesario dormir bien durante la noche. Existen enormes diferencias en la cantidad de horas de sueño que requieren las personas, pero la mayoría necesita entre siete y nueve horas por noche. Un buen amigo mío apenas necesita cuatro horas de sueño cada noche, pero yo necesito ocho. Todos somos diferentes.

Mantener un horario regular le ayudará a gozar de la cantidad de sueño necesaria. Hacer ejercicio moderado dos o tres horas antes de irse a la cama puede ayudarle a dormir mejor. Si le resulta difícil quedarse dormido, evite las bebidas alcohólicas o con cafeína durante las últimas horas del día. Tomar un relajante baño tibio antes de acostarse ayuda a muchos a quedarse dormidos más fácilmente. Leer un libro en cama me ayuda a serenarme y relajarme.

La mayoría de las personas tiene cuatro o cinco periodos de sueños cada noche. El primero comienza como hora y media después de quedarse dormido y dura de diez a veinte minutos. A esto le sigue hora y media de sueño profundo antes de que se inicie otro periodo de sueños. Si usted despierta de manera natural, será después de un periodo de sueños.

Según lo anterior, los mejores momentos para evaluar los sueños son aquellos cuando se despierta de manera normal, sin apremiantes demandas de tiempo. Permanezca tranquilo en cama sin cambiar de postura, y permita que los recuerdos del sueño regresen. Una vez que haya explorado totalmente el sueño y recordado los detalles necesarios, escriba todo en su diario de sueños.

Yo conservo un cuaderno con mi diario de sueños junto a la cama. Allí anoto todo lo que puedo recordar de mis sueños. Si despierto a mitad de la noche después de haber soñado, escribo los puntos principales. Esto me ayuda a recordar todo el sueño al despertar por la mañana, y puedo ampliar lo que escribí durante la noche.

Llevar un diario de sueños es útil. Le obliga a pensar en sus sueños y a prestarles atención. El diario también se vuelve más y más valioso a medida que el tiempo transcurre. Notará que hay temas que surgen una y otra vez en sus sueños. Obviamente es necesario ponerles especial atención.

Si le cuesta trabajo recordar sus sueños quizá le parezca inútil escribir un diario. De hecho, es lo contrario. Sólo con tener pluma y papel junto a su cama para preservar sus sueños les concede atención especial, y será más probable que los recuerde.

Una vez que comience a ponerles atención, en ocasiones despertará sabiendo que ha soñado, pero le costará trabajo recordarlo. Si se movió, regrese a la postura en que estaba al despertar. Permanezca tranquilo y vea qué recuerdos regresan. Con frecuencia vendrá a su mente una imagen o un pensamiento, y esto liberará todo el sueño. A mí me ayuda tratar de recordar el primer pensamiento que tuve al despertar. Casi siempre esto me lleva de regreso al sueño. No se preocupe si el sueño no regresa. Espere unos cinco minutos y luego levántese. Si el sueño es importante, lo volverá a tener y lo recordará.

Usted es el mejor intérprete de sus sueños. Con frecuencia hablan en símbolos personales. Simbolizan lo que está sucediendo en su vida, y deberá pensar en ellos durante un rato para entender su significado. A veces no podrá reconocer el mensaje importante si lo interpreta literalmente.

Los sueños cumplen un propósito valioso de comunicación entre los mundos físico y no físico, razón por la que son útiles para la comunicación angelical. En la Biblia existen muchos ejemplos de la forma en que Dios usó a Sus ángeles para comunicarse con los humanos a través de los sueños.

El trabajo con los sueños

Este es un proceso que se sirve de su imaginación consciente para entender los mensajes subconscientes de sus sueños. Es un ejercicio fascinante que le sorprenderá por los datos que desvela. Lo único que debe hacer es sentarse tranquilamente en algún lugar durante el día, recordar parte de un sueño y luego usar la imaginación para ver a dónde más le puede llevar. Es idéntico al proceso que Dante llevó a cabo durante sus tres días y noches en el purgatorio. Durante el día, pensaba acerca del sueño que había tenido la noche anterior.

El proceso es engañosamente sencillo, y algunas personas tienen dificultad para llegar al estado mental correcto cuando practican por primera vez el trabajo con los sueños. A continuación se presenta el proceso en detalle:

1. Siéntese cómodamente en algún lugar donde no lo interrumpan cuando menos durante quince minutos.

2. Cierre los ojos, inhale suave y profundamente varias veces y relájese.

3. Recuerde parte de un sueño reciente. No se esfuerce en recordar. Siéntese tranquilo y espere a que llegue a su mente.

4. Cuando suceda, visualícelo tan claro como pueda y simplemente sígalo. Pase todo el tiempo que desee en esta etapa. Si aparecen diferentes personajes o animales, siga a cada uno individualmente para ver a dónde le lleva.

5. Fíjese qué siente mientras observa el sueño. Puede tener una sensación definida en alguna parte de su cuerpo. Ahí es donde su sueño se siente más cómodo. Lo más probable es que el sitio esté en uno de los chakras, los centros de energía en su aura. Si tiene una sensación en la base de su espina, la energía se relaciona con la sobrevivencia. Estará relacionada con el sexo si la siente entre los genitales y el ombligo. Justo arriba del ombligo concierne al poder. Si la energía se encuentra en la zona del corazón, corresponde al amor. Una sensación en la garganta se refiere a la autoexpresión. Si la siente en la región del tercer ojo, tiene que ver con la sabiduría y la intuición. Por último, si se percibe en la parte superior de su cabeza, hace referencia a la espiritualidad.

6. Experimente la sensación tanto como pueda y luego pida un mensaje que le ayude a entender por qué el sueño ha escogido esa zona particular de su cuerpo.

7. Pregunte a esa parte de su cuerpo cuál es su reacción al sueño.

8. Pida a su ángel de la guarda que le ayude a obtener más informes del sueño. Visualice a su ángel tomando parte activa en el sueño.

9. Use su imaginación para llevar al sueño a dondequiera que desee. Pida a su ángel todos los datos que le pueda dar.

10. Agradezca a su ángel. Inhale lenta y profundamente cinco veces y abra los ojos.

11. Piense en lo que acaba de experimentar durante unos minutos antes de ponerse de pie.

12. Tan pronto como pueda escriba todo lo que ocurrió.

El trabajo con los sueños puede ayudarle a descubrir diferentes niveles de su sueño. A veces parece que no tuvieran significado alguno, y este ejercicio es muy bueno para ayudar a aclarar los mensajes que el sueño trata de transmitirle.

Petición al ángel de la guarda

Este es un sencillo ejercicio consistente en pedir a su ángel de la guarda que le ayude a resolver un problema o una dificultad. Antes de irse a la cama escriba una carta muy breve a su ángel. Guárdela en un sobre y colóquela debajo de su almohada. Justo antes de quedarse dormido, agradezca en silencio a su ángel por todo lo que hace por usted y pídale la solución de su problema.

Es probable que cuando despierte por la mañana tenga la respuesta, recibida por lo general a través de un sueño. A veces puede aparecer como un pensamiento. Si la respuesta no ha llegado proceda con su día de la manera acostumbrada. Con frecuencia le llegará cuando menos lo espere. Si no la ha recibido al final del día vuelva a escribir la carta a su ángel y colóquela debajo de su almohada. Repítalo hasta que reciba respuesta.

Es necesario permanecer alerta, pues a veces las respuestas no son las que espera escuchar. Una de mis estudiantes escribió a su ángel pidiéndole ayuda para resolver un problema con una vecina. La respuesta que recibió fue que se hiciera amiga de esa persona. Esto no era lo que ella esperaba, así que volvió a escribir, solamente para recibir la misma respuesta. Después de hacerlo varias veces, finalmente se dio por vencida y visitó a la vecina, descubriendo con asombro que era mucho más agradable de lo que había pensado, y ahora son buenas amigas.

Mensajes en sueños

No hay necesidad de esperar a tener problemas en la vida para ponerse en contacto con los ángeles en los sueños. Antes de quedarse dormido pida a los ángeles su bendición y protección mientras descansa. Esto tiene un doble beneficio. Dormirá mejor, lo cual de por sí es un beneficio importante para muchos. Además, despertará con un claro mensaje de los reinos angelicales. Puede tratarse de una palabra clave, una frase, y aun todo un mensaje relacionado con lo que está sucediendo en su vida en ese momento.

Los ángeles guardianes del sueño

La mayoría de las personas no están conscientes de su ángel de la guarda durante la vigilia. Todavía son menos las que saben que su ángel les cuida mientras duermen. En nuestros sueños con frecuencia nos encontramos con ángeles. Los hombres reconocen el lado femenino de los ángeles con quienes se encuentran en sueños, mientras que las mujeres interactúan con las energías masculinas de éstos. No es raro tampoco encontrar grupos de ángeles en los sueños. Sin embargo, nuestro ángel de la guarda siempre está presente y se le reconoce de inmediato, aun en los sueños.

El ángel guardián de los sueños nos cuida mientras descansamos. También nos proporciona símbolos en nuestros sueños. A muchas personas les resulta difícil reconocer y entender la simbología de sus sueños. Sin embargo, al registrarlos y ver qué pasa después es posible aprender cómo utilizarlos para buen fin. Nos envían advertencias e indicaciones acerca de eventos futuros, nuestra salud, nuestros motivos y nuestro bienestar general.

Mantras y ángeles

Los mantras son frases breves que se repiten una y otra vez. Algunos de mis estudiantes les han llamado "afirmaciones con los ángeles", y esta es una explicación tan válida como cualquier otra. Para usar los mantras o afirmaciones necesita crear una frase adecuada que pueda repetir tantas veces como sea posible mientras se va quedando dormido. La idea es que su ángel guardián escuche su mantra y actúe de acuerdo con él mientras usted descansa.

Puede utilizar sus mantras en cualquier momento, pero el más efectivo para repetirlos es justo antes de quedarse dormido. Esto asegura que los ángeles trabajen en ellos mientras usted descansa. También me he dado cuenta que repetirlos me ayuda a dormir con mayor facilidad durante vuelos largos. Si repite los mantras durante el día puede decirlos en voz alta. Esto es especialmente útil, pues se escucha al repetirlos. Sin embargo, cuando está en la cama a punto de dormir es mejor decirlos en silencio, confiando en que su ángel recibirá el mensaje.

Las palabras que use son de su elección. Algunos utilizan citas de la Biblia, tales como: "Puedo hacer todo a través de Jesucristo, que es mi fortaleza". Otros crean sus propios, como: "Mi deseo y el deseo de Dios son exactamente lo mismo", y "Atraigo riqueza y felicidad dondequiera que voy". También pueden ser afirmaciones conocidas. A veces, mientras espero en la fila en el banco, repito: "Yo creo riqueza y abundancia". También puede crear mantras para una situación temporal. Si está preocupado por alguien, puede decir: "Que los ángeles rodeen a [nombre de la persona] con amor y protección". Los mantras son una forma efectiva de ayudar a otros. No necesariamente tienen que estar dirigidos sólo a usted y sus necesidades.

Sueños lúcidos

Sueño lúcido es el término utilizado para describir un sueño en el que usted se da cuenta de que está soñando. Muchos tienen sueños lúcidos ocasionalmente, pero muy pocos se toman la molestia de aprender cómo crearlos a voluntad.

La primera persona que experimentó con los sueños lúcidos fue un profesor francés de literatura china del Siglo XIX, el Marqués d'Hervey de Saint-Denys. Comenzó a anotar sus sueños a la edad de trece años y por último escribió un libro titulado *Dreams and How to Guide Them.*[31]

No todos aprobaron sus descubrimientos, y cuando el médico holandés Frederik Willems van Eeden decidió escribir un libro sobre el tema, su primer pensamiento fue expresar sus ideas en forma de novela, pues éstas resultarían menos controvertidas si se presentaban de esta manera. Nunca escribió la novela, ni el libro sobre el tema, pero en 1913 presentó un trabajo a la Sociedad Británica de Investigación Psíquica, en el cual introdujo el término "sueños lúcidos".

Cuando uno está soñando, y se da cuenta de ello, tiene la capacidad de llevar el sueño hacia donde lo desee. Puede decidir visitar un lugar favorito o ver a un amigo. Puede avanzar en el futuro o retroceder en la historia. Puede encontrarse con su ángel guardián o con cualquier otro miembro del reino angelical.

Los sueños lúcidos no son difíciles, pero a veces puede costar trabajo tenerlos a voluntad. En mi caso lo mejor es, antes de ir a la cama, decir de manera casual que voy a tener un sueño lúcido. Si insisto o exijo experimentar un sueño lúcido, casi nunca ocurre. Los siguientes son pasos para lograr un sueño lúcido:

I. Acuéstese y en forma casual dígase que va a tener un sueño lúcido. Escoja un acto que le lleve directamente a dicho sueño. Si tiene un sueño recurrente, dígase que la próxima vez que lo tenga se dará cuenta y de inmediato

---

31. Marquis d'Hervey de Saint–Denys, *Dreams and How to Guide Them,* trad. por Nicholas Fry (London: Duckworth, 1982). Originalmente publicado en 1867 en francés como *Les rêves et les moyens de les diriger.*

entrará en un sueño lúcido. Dígase que siempre que se vea la mano durante el sueño, será un aviso para su mente de que está a punto de tener un sueño lúcido.

2. Una vez note que está teniendo un sueño lúcido, dígase que desea encontrarse con su ángel de la guarda. De inmediato se encontrará frente a él. Una gran ventaja del sueño lúcido es que puede acercarse a cualquier situación tanto como lo desee. Por ejemplo, si una escena le resulta difícil emocionalmente, puede retirarse unos cuantos pasos o aun abandonar totalmente la situación.

3. Converse con su ángel guardián. Pregúntele lo que desee. Pídale que le lleve a lugares o situaciones que le sean benéficos. Pregúntele si usted está rezando tan bien como podría. Pídale los favores o bendiciones que desee para usted o para otros. Al terminar, agradézcale y regrese a su cama.

4. Visualícese arropado en su cama. Véase acostado, tranquilo, reposando profundamente y déjese llevar de nuevo al sueño.

5. Registre todo lo que pueda recordar cuando despierte por la mañana.

Sueños conscientes

Los sueños lúcidos son una habilidad útil que creo todos pueden aprender a crear. Sin embargo, aún a los soñadores lúcidos hábiles les puede resultar difícil entrar en este estado a voluntad. Afortunadamente los sueños conscientes son similares y con frecuencia se tornan en sueños lúcidos.

Es importante que no abuse de la comida, bebida u otros estimulantes antes de acostarse. He aquí el procedimiento:

1. Vaya a la cama a la hora de costumbre y piense en tener un encuentro con su ángel guardián o con quien desee.

2. Relaje conscientemente todos los músculos de su cuerpo. Deje que sus pensamientos fluyan con libertad pero manténgalos tan positivos como sea posible. Si tiene algún pensamiento negativo, déjelo ir. Dígase que mañana se ocupará de ese asunto y comience a pensar en algo positivo.

3. Cuando se sienta totalmente relajado comience a pensar en las diferentes experiencias que ha tenido en su vida, y visualice los ambientes así como los acontecimientos. Comience con un evento reciente y gradualmente retroceda en su vida tan lejos como pueda.

4. Mientras lo hace quizá quede cautivado por una de las experiencias. Explore esa situación con tanto detalle como desee. Visualícese dentro de la escena, doblando una esquina y encontrándose con su ángel de la guarda. Una vez hecho el contacto, pueden dirigirse a algún lugar agradable para relajarse y disfrutar de una agradable conversación.

5. Si ninguna de las escenas le lleva a encontrarse con su ángel guardián, continúe retrocediendo en el tiempo tanto como pueda. Cuando ya no pueda recordar alguna experiencia pasada pida a su ángel que le lleve a un sitio donde puedan conversar.

6. En ambos casos disfrute la conversación tanto como desee. Finalmente agradezca a su ángel y déle las buenas noches antes de visualizarse regresando a la cama y quedándose dormido.

Muchas veces este ejercicio le llevará a tener un sueño lúcido. Si esto sucede, puede seguir explorando y descubriendo antes de regresar a su cama. Sin embargo, en la práctica por lo general quedo profundamente dormido antes de terminar todas las cosas que intentaba hacer.

Soñar es una manera muy efectiva de comunicarse con el reino angelical. Sin embargo, a algunas personas les resulta frustrante pues no siempre recuerdan lo que ocurrió en el transcurso de sus sueños. Por fortuna existe un método de comunicación con los ángeles que es más directo e inmediato. Vamos a conocerlo en el siguiente capítulo.

NUEVE

Adivinando con los ángeles

Las personas utilizan diferentes herramientas para adivinar o encontrar algo oculto. El péndulo es una de ellas, y es usado para hallar agua, petróleo, objetos perdidos y gente desaparecida. También se puede determinar la salud de las plantas, animales o personas, y puede ayudar a desarrollarse física, mental, emocional y aun espiritualmente. Es un instrumento maravilloso, y me sorprende que no haya más personas que lo utilicen.

Un péndulo es un objeto pequeño suspendido de un trozo de hilo, cadena o cordón. Durante mi infancia mi madre adivinaba con frecuencia utilizando su anillo de matrimonio atado a un tramo de hilo. En las tiendas de artículos de la Nueva Era se pueden conseguir péndulos muy atractivos, pero cualquier objeto pequeño colgando de un cordón o una cadena funciona igualmente bien. Puede experimentar con péndulos improvisados antes de comprar uno. Yo tengo una gran colección, pues mis hijos con frecuencia me compran pequeños objetos unidos a una cadena como regalos de Navidad o cumpleaños.

El péndulo ideal debe pesar más o menos 80 gramos, ser agradable a la vista y cómodo de usar. Los redondos terminados en punta son los más fáciles de manejar y por lo general son bien balanceados y sensibles. El hilo o la cadena deben medir diez o doce centímetros, aunque hay quienes los prefieren más largos.

La mayoría utiliza el péndulo con la mano con que escribe. Sin embargo, es bueno experimentar con la otra mano, pues puede funcionar mejor.

Comience tomando asiento a la mesa, con el codo del brazo que sostiene el péndulo apoyado sobre la superficie. Esa debe ser la única parte del cuerpo que haga contacto con la mesa. Sostenga el hilo o cadena del péndulo entre el pulgar y el índice, con la palma de la mano vuelta hacia abajo. Coloque los pies firmemente en el suelo. El péndulo debe estar unos treinta centímetros frente a usted.

Comience balanceando suavemente el péndulo de lado a lado para familiarizarse con sus movimientos. Hágalo oscilar en diferentes direcciones y luego en círculos suaves, tanto en el sentido de las manecillas del reloj como al contrario. Experimente sosteniendo el hilo o la cadena en diferentes puntos, acortando o alargando su medida.

Una vez se haya habituado a los movimientos del péndulo deténgalo con la otra mano. Cuando se detenga, pregunte cuál movimiento indicará una respuesta positiva o un "sí". Puede preguntar en silencio o en voz alta. Si nunca ha utilizado un péndulo, puede ser que tarde un minuto o dos en responder. Quizá al principio haga un movimiento corto, pero con la práctica los movimientos se volverán más fuertes. El péndulo se moverá de lado a lado, hacia usted y alejándose, o en círculos, ya sea en el sentido de las manecillas del reloj o al contrario.

Cuando el péndulo le dé un "sí", detenga su movimiento y pregunte cuál es la respuesta negativa, o "no". Una vez que la tenga puede continuar y pedirle que le muestre las respuestas que significan "no lo sé" y "no quiero responder".

Ahora que ya tiene las cuatro respuestas posibles puede comenzar a hacer preguntas al péndulo. Inicie con aquéllas que ya conoce la respuesta. Pregúntele: "¿soy un varón?" La respuesta debe ser la correcta. Continúe haciendo preguntas similares acerca de su edad, ocupación, estado civil, número de hijos, y así por el estilo.

El propósito es acostumbrarse al péndulo y corroborar su precisión. Luego, comience a hacer preguntas de las cuales ignora la respuesta, pero que podrá confirmar más tarde. De nuevo se dará cuenta de que el péndulo es muy exacto.

Sin embargo, existe una condición para esto. Si está emocionalmente involucrado con el resultado de la pregunta, su mente dominará al péndulo y le dará la respuesta que desea. Si, por ejemplo, una mujer cercana a usted está embarazada y usted está utilizando el péndulo para determinar el sexo del nuevo bebé, el péndulo le dará la respuesta correcta si en verdad no le importa de qué sexo sea. Sin embargo, si espera que sea una niña, el péndulo le dirá que lo será, aunque pueda no ser el caso. Siempre que tenga un interés emocional en el resultado es mejor pedir a alguien que no esté involucrado personalmente con la respuesta, que adivine por usted.

Es necesario formular cuidadosamente sus preguntas. El péndulo no puede responder a: "¿Me debo poner en contacto con Rafael o con Miguel?" En este caso, se debe preguntar dos veces, una por cada arcángel.

Con frecuencia es mejor hacer una serie de preguntas sencillas en vez de una que cubra todo. La mayor parte de los problemas pueden ser manejados por su ángel de la guarda, pero si se relaciona con un tema específico, considere ponerse en contacto con uno de los ángeles que tienen especial interés en el asunto. Puede preguntar: "¿Me debo poner en contacto con mi ángel de la guarda para este problema?" Si la respuesta es positiva, debe consultar a su ángel guardián y pedirle que le ayude a resolverlo. Puede ser que el péndulo le dé una respuesta negativa. Si es el caso, pregunte: "¿Es (nombre del ángel) el ángel al que debo acudir en relación con mi problema?" Puede hacer esta pregunta acerca de todos los ángeles que desee hasta que reciba una respuesta positiva.

El péndulo del ángel

Se puede utilizar cualquier tipo de péndulo para ponerse en contacto con los ángeles. Sin embargo, ellos responden en forma especial a los cristales, y elegir uno de este tipo para comunicarse sólo con los ángeles sería la perfecta elección. Un péndulo de cristal transparente unido a una hermosa cadena o un cordón no sólo es agradable al tacto y a la vista, sino que gradualmente y a medida que trabaje con él, se pondrá más a tono con usted y con su ángel guardián.

Puede usar el cristal que le agrade. Yo tengo varios, y el que uso especialmente para trabajar con los ángeles es de selenita, que es blanco translúcido y resplandece con un brillo especial cuando se pule. Se usa con frecuencia para la protección y también ayuda a pensar, a concentrarse y a madurar internamente. Se puede usar para contactar cualquiera de los ángeles, pero tiene un vínculo especial con el Arcángel Gabriel.

Otra posibilidad es la celestita, que viene en una variedad de colores que van del blanco hasta el marrón. Ayuda a recibir mensajes de los ángeles por clariaudiencia (recepción de mensajes en forma de pensamientos).

El cuarzo rutilado es otra selección popular. A veces se le conoce como "cabello de ángel", pues las inclusiones de fino rutilo parecen hebras de cabello que han quedado atrapadas dentro del cristal. El cuarzo amplifica las comunicaciones con los ángeles, facilitando tanto el envío como la recepción de mensajes.

Crecimiento y desarrollo espiritual

Puede utilizar el péndulo para ayudarse de muchas maneras en su crecimiento espiritual. Puede preguntarle acerca de iglesias, fe y religiones específicas. No hace mucho tiempo pregunté a mi péndulo si debía atender una reunión religiosa organizada por un evangelista cristiano que visitaba la ciudad. Me sorprendió recibir una respuesta positiva, pero acudí, y aprendí mucho en el transcurso de la noche. Tiendo a evitar las agrupaciones de esa clase, y no hubiera considerado asistir si mi péndulo no me hubiera dado esa respuesta.

El siguiente es un experimento interesante que puede llevar a cabo en cualquier momento. Sostenga su péndulo y diga: "Soy el amor divino. Soy el amor universal. Soy un ser espiritual. Yo soy".

Su péndulo debe dar una respuesta positiva a estas palabras. Pero si no reacciona o da una respuesta negativa, debe repetirlas varias veces al día como afirmación. Después de unos cuantos días pruebe nuevamente las palabras con su péndulo. Siga haciéndolo hasta que reciba una respuesta positiva.

Puede probar cualesquiera palabras o frases de la misma forma. Estas son algunas sugerencias:

Soy feliz.

Soy una buena persona.

Expreso amor y buena voluntad a todos los que conozco.

Soy generoso y amable.

Merezco lo mejor que la vida tiene que ofrecer.

Soy un espíritu divino.

Adivinación con los ángeles

Su péndulo será más y más útil a medida que se acostumbre a él. Puede involucrar a los ángeles en todas sus sesiones de adivinación invitándolos a asistir. Puede hacerlo por medio de un ritual previo. Como alternativa pregúntele al péndulo: "¿Tengo la bendición de los ángeles para las preguntas que voy a hacer?"

La respuesta positiva le asegurará que los ángeles están presentes, y le darán toda la ayuda y el apoyo que necesite.

Es obvio que si recibe una respuesta negativa debe hacer más preguntas para saber por qué no están preparados para bendecir su sesión con el péndulo. Podría haber varias razones para que esto suceda. Quizá, sin darse cuenta, puede estar pasando por alto las necesidades de otros, en cuyo caso sus preguntas no beneficiarán necesariamente a todos los involucrados.

Puede ser que los ángeles piensen que debe trabajar en las respuestas por su cuenta, sin utilizar el péndulo. Esto ocurre de vez en cuando, pues muchas personas se dejan llevar por el péndulo y lo usan en forma excesiva, preguntándole sobre cualquier cosa que pasa en sus vidas.

Por lo general yo llevo uno conmigo, pero a veces no lo uso durante semanas. En la práctica lo utilizo sólo cuando no puedo determinar una respuesta por mi cuenta. Puedo usarlo varias veces en una semana y luego no utilizarlo durante uno o dos meses. Es un instrumento valioso que no dudo en usar, pero no quiero que se convierta en una mala costumbre.

Su ángel de la guarda y el péndulo

Su ángel de la guarda está listo a ayudarle en cualquier momento, pero si tiene varias preguntas, es mejor apartar un momento especial para una conversación más larga. Puede preguntar al péndulo si es un buen momento para comunicarse con su ángel guardián. Casi siempre la respuesta será sí, pero en ocasiones su petición será rechazada. Debe aceptarlo, pues habrá una razón importante para ello. Por ejemplo, puede ser que se encuentre muy ansioso, estresado o enojado, y su ángel querrá que se calme antes de sostener una conversación.

Si el péndulo le dice que es el instante indicado para conversar, puede seguir haciendo preguntas o realizar un ritual para comunicarse directamente con el ángel.

Cómo saber el nombre de su ángel de la guarda

Si no ha descubierto el nombre de su ángel guardián durante las conversaciones anteriores puede saberlo con el péndulo. Pronuncie el alfabeto letra por letra hasta determinar la primera letra del nombre. Repítalo cuantas veces sea necesario hasta saber el nombre completo.

Preguntas con opciones múltiples

Su ángel de la guarda le puede ayudar a escoger la opción adecuada entre varias posibilidades. Hace poco unos amigos decidieron celebrar su vigésimoquinto aniversario de bodas en una de sus ciudades europeas favoritas. Puesto que les gustaban muchas era difícil decidirse por una. Les sugerí que escribieran el nombre de cada una y pidieran a sus ángeles de la guarda que seleccionaran la ciudad perfecta utilizando el péndulo. Los ángeles escogieron Barcelona, y pasaron un tiempo maravilloso volviendo a visitar sus sitios favoritos de esa hermosa ciudad.

Puede pedir a su ángel ayuda para elegir el auto correcto, el trabajo, la profesión o la casa adecuada y todo aquello que tenga múltiples opciones. Un joven amigo compró un auto usado de esta forma. Escogió varios en los anuncios del periódico y pidió a su ángel que seleccionara, con el péndulo, el mejor para él. Así ahorró mucho tiempo y adquirió un vehículo bueno y confiable.

Tarjetas de auto-superación

Su ángel de la guarda tiene en mente lo que más le conviene a usted y hará todo lo posible para ayudarle a progresar en esta encarnación. Sin duda estará encantado de que usted comience a enfocarse en áreas de su vida que necesitan mejorar. Con ayuda de su ángel, su péndulo y unas tarjetas de notas, hoy puede comenzar a avanzar.

Comience escribiendo en tarjetas separadas las cualidades que le gustaría desarrollar. Yo prefiero escribir frases, pero algunos escogen una sola palabra que resume la esencia de la cualidad que quieren desarrollar. Estas son algunas posibilidades que quizá se relacionen con usted:

Expresar el amor que siento

Confianza ilimitada

Paciencia

Auto-expresión

Tolerancia

Compasión

Expresar entusiasmo

Aceptar la abundancia

Expresar alegría y felicidad

Estudiar y crecer en conocimiento y sabiduría

Escuchar

Integridad

Fortaleza

Gratitud

Pensar antes de hablar

Confiar en mi intuición

Desarrollar la espiritualidad

Enfocarme en mis metas

Dejar ir el pasado

Hacer ejercicio regularmente

Puede agregar más notas a su lista siempre que lo desee. Hay muchas formas en las que puede utilizar las tarjetas. Puede extenderlas en una mesa y pedir a su ángel que le diga, a través del péndulo, en cuál cualidad debe trabajar hoy. Por turnos, sostenga el péndulo sobre cada tarjeta y vea cuál escoge su ángel.

Otra forma es mezclar las tarjetas y colocarlas bocabajo sobre la mesa. Nuevamente pida a su ángel guardián que seleccione una de las tarjetas. Un método similar consiste en revolver las tarjetas y ponerlas en montón y cara abajo. Pida a su ángel que le ayude a escoger una cualidad adecuada escogiendo un número. Quizá el número aparezca en su mente, o puede usar el péndulo para que escoja un número por usted. Esto se hace sosteniendo el péndulo dentro de un vaso y pidiendo al ángel que revele el número. El péndulo comenzará a moverse y tocará el lado del vaso las veces para indicar el número. Cuente hasta ese número comenzando con la tarjeta que está arriba del montón y trabaje en esa cualidad en particular.

Después de escoger la cualidad, lleve consigo la tarjeta durante el resto del día. Cada vez que la vea le recordará su objetivo.

Al final del día puede pedir a su ángel que revise su progreso. Suspenda el péndulo sobre la tarjeta y haga preguntas para aclarar cómo va. Pregunte si debe trabajar con la tarjeta por un día más. Siga trabajando en esa cualidad hasta que el ángel responda negativamente. Cuando esto suceda, puede utilizar el péndulo para escoger otra cualidad.

El péndulo se basa en una respuesta ideomotor subconsciente, la cual permite su movimiento. La mente actúa sobre la idea y provoca minúsculas respuestas físicas que mueven el péndulo. La escritura automática funciona sobre el mismo principio y le permite comunicarse con los ángeles a un nivel aún más profundo. Esto lo veremos en el siguiente capítulo.

DIEZ

Escritura automática

La escritura automática se produce sin un esfuerzo o pensamiento consciente. La persona que sostiene la pluma permite al instrumento moverse libremente mientras que un poder o agente externo toma el control. El individuo puede ver la televisión o conversar al mismo tiempo que su mano escribe. Algunos escritores automáticos entran en un estado de trance, pero la mayoría permanece totalmente al tanto de todo lo que sucede a su alrededor.

La escritura automática es una forma muy agradable de obtener información y conocimiento. Es estimulante, excitante y no requiere de ningún esfuerzo. En ocasiones la pluma se mueve con rapidez durante una hora o más, y sin embargo quien escribe se siente tan descansado como al principio. Geraldine Cummins (1890–1969), médium irlandesa muy conocida que escribió quince libros utilizando la escritura automática, podía escribir a un ritmo de casi dos mil palabras por hora.[32]

Aunque a veces la escritura automática produce palabrería sin sentido, también puede provocar resultados asombrosos que van más allá de la habilidad o el conocimiento consciente del escritor. Numerosas obras religiosas han sido escritas por este medio, incluyendo partes de la Biblia: "Y le llegó una carta del profeta Elías, que decía…" (2 Crónicas 21:12).

La mayor parte del tiempo la escritura automática se realiza con mucha mayor rapidez que la escritura consciente. Por lo general la letra es más grande que aquella utilizada normalmente por la persona. Frederick W. H. Myers (1843–1901), el investigador psíquico británico, encontró una persona que escribía simultáneamente diferentes mensajes, utilizando una tabla de escritura en cada mano.[33]

---

32. *The ESP Reader*, ed. David C. Knight (New York: Grosset and Dunlop, 1969), 235. Los libros más conocidos de Geraldine Cummins son: *The Scripts of Cleophas, Paul in Athens, The Great Days of Ephesus, The Road to Immortality, They Survive, Unseen Adventures, Mind in Life and Death,* y *Swan on a Black Sea*.

33. Una tabla de escritura es un pequeño pedazo de madera en forma de corazón con tres patas. Dos de éstas tienen ruedas y la tercera un lápiz. Las puntas de los dedos de la mano descansan sobre este artefacto, que se puede mover libremente creando palabras y dibujos. A Monsieur M. Planchette, espiritualista francés, se le atribuye haberlo inventado a mediados del Siglo XIX. Las tablas de escritura todavía se pueden conseguir, pero fueron superadas en popularidad por la tabla ouija.

La escritura automática ha tenido algunos éxitos sorprendentes. Andrew Jackson Davis (1826–1910), vidente y filósofo norteamericano, escribió su obra más importante, *The Principles of Nature, Her divine Revelations, and a Voice to Mankind* utilizando la escritura automática. El libro fue publicado en 1847 y tuvo un papel importante en el desarrollo del espiritualismo.

Harriet Beecher Stowe (1811–1896), autora de *La Cabaña del tío Tom*, dijo de este libro que la hizo famosa: "Yo no lo escribí; me lo dieron. Pasó ante mí".

William Blake (1757–1827), famoso poeta inglés que veía ángeles con regularidad, en su prefacio al poema *Jerusalem* escribió que le había sido dictado. "El poema más grande que hay en este mundo; puedo alabarlo, pues no me atrevo a pretender ser otra cosa que el Secretario; los autores están en la eternidad", escribió.

André Breton (1896–1966), poeta francés y líder del movimiento Surrealista, produjo varias obras utilizando la escritura automática. La más famosa de ellas es *Soluble Fish*.

La escritura automática permitió a Frederick Bligh Bond (1864–1945) localizar las extraviadas capillas Edgar y Loreto en la Abadía de Glastonbury. Bond pidió ayuda a su amigo John Allen Bartlett, quien tenía gran experiencia en la escritura. Los mensajes recibidos eran una mezcla de latín e inglés antiguo, y provenían de una entidad llamada "Guilielmus Monachus", o "William el monje". La iglesia anglicana aceptó con gusto el descubrimiento, pero se avergonzó cuando Bond escribió un libro titulado *The Gate of Remembrance*[34] (La puerta de la remembranza)

---

34. Frederick Bligh Bond, *The Gate of Remembrance: The Story of the Psychological Experiment Which Resulted in the Discovery of the Edgar Chapel at Glastonbury* (Oxford: B. H. Blackwell, 1918).

en el que describía cómo había encontrado la capilla Edgar. Cinco años después, Frederick Bligh Bond fue obligado a renunciar y las excavaciones se detuvieron.

Probablemente el ejemplo de escritura automática más famoso sea el pesado volumen de las obras producidas por un ser desencarnado llamado Patience Worth, quien comenzó a comunicarse con las amigas Pearl Curran y Emily Hutchinson en 1913. Ellas se encontraban experimentando con una tabla ouija cuando Patience deletreó un mensaje: "Yo viví hace muchas lunas. Vengo otra vez. Mi nombre es Patience Worth". Durante los siguientes cinco años Patience dictó más de cuatro millones de palabras donde se incluyeron dos mil quinientos poemas, así como cuentos, obras de teatro, epigramas y seis novelas. Sus trabajos merecieron los elogios de la crítica y sus dos primeras novelas, *The Sorry Tale* y *Hope Trueblood*, se convirtieron en éxitos de ventas. Eventualmente el volumen de palabras que llegaban obligó a las mujeres a encontrar un método más conveniente. En 1920 Pearl Curran descubrió que podía dictar las palabras que le iban llegando en lenguaje automático.

Los primeros pasos en la escritura automática

La escritura automática es una habilidad que todos podemos desarrollar. De hecho, si alguna vez ha tratado de hacer un boceto o esbozo de algo, ya ha practicado una forma de esta escritura.

La escritura automática requiere de práctica. La mayoría comienza dibujando formas y garabatos y luego pasan a producir palabras, oraciones y finalmente, en algunos casos, libros. Necesitará una libreta grande y una pluma o lápiz de buena calidad. Prefiero usar un buen lápiz de punta suave y una libreta de bocetos para artistas. También debe buscar un lugar tranquilo donde pueda practicar sin que le molesten.

El más importante de los requisitos es la tranquilidad mental. Si se encuentra molesto o enojado al comenzar con la escritura automática, es probable que la pluma contacte un espíritu o entidad de nivel inferior. A veces la escritura revela percepciones del subconsciente. Si practica cuando se sienta desanimado, es posible que descubra recuerdos y sentimientos indeseables. Lo ideal es que experimente sentimientos positivos acerca de su vida. La mejor hora para practicarla es la noche, pues aparentemente el cansancio ayuda al proceso.

1. Coloque la libreta sobre una mesa y siéntese con la pluma en la mano descansándola sobre el papel. Su codo debe formar un ángulo recto.

2. Mentalmente rodéese con una luz blanca protectora. Si hay un ángel especial con el que desee comunicarse invóquelo por su nombre. Si lo deja al azar, asegúrese de invocar a ángeles positivos.

3. Distráigase de alguna manera. A mí me gusta mirar por la ventana hasta empezar a soñar despierto. Quizá prefiera ver televisión o escuchar la radio.

4. No mire la libreta ni la mano que sostiene la pluma; permita que ésta se mueva como desee. Si después de unos minutos no ha sucedido nada, pregunte a la mano que sostiene la pluma si tiene mensajes para usted.

5. Distráigase de nuevo y permita que la pluma se mueva si quiere. Si nada sucede después de otros minutos, olvídese de intentarlo por ese día.

6. Mantenga la calma cuando la pluma comience a moverse. Muchos se asustan la primera vez que esto sucede y lo arruinan al enfocarse en lo que la pluma hace. Si le sucede accidentalmente, ponga una hoja limpia debajo de la pluma y vuelva a comenzar.

7. Practique a la misma hora todos los días hasta tener éxito.

8. Sus primeros intentos quizá no produzcan datos valiosos. Es más probable que dibuje garabatos, círculos y óvalos en vez de frases coherentes. Aún cuando comience a escribir palabras quizá éstas no tengan sentido, pero considérelo como un éxito, pues significa que va en el camino correcto.

Presentando a los ángeles

Una vez que haya dominado la escritura automática puede usarla con diferentes propósitos. Puede escribir conscientemente preguntas y recibir respuestas. Es importante no estar conectado emocionalmente con la respuesta, pues si esto ocurre podría recibir la respuesta que desea y no la correcta. La escritura automática es similar a la adivinación con péndulo en este aspecto.

También puede comunicarse con el reino angelical a través de esta escritura. Necesitará una pluma, papel y cuando menos una vela blanca. El siguiente es el procedimiento:

1. Trace un círculo de protección a su alrededor.

2. Encienda la o las velas.

3. Escriba una carta a un ángel específico. Si desea puede hacerlo previamente. Yo prefiero pensarla con tiempo y luego escribirla mientras estoy dentro del círculo. Doble la carta y guárdela en un sobre. Séllelo y rotúlelo con el nombre del ángel.

4. Sostenga el sobre en el aire durante unos momentos. Béselo y luego "envíe" el mensaje quemando el sobre en la llama de la vela.

5. Siéntese tranquilamente junto al altar o la mesa y espere a que el ángel con el que se está comunicando responda a través de la escritura automática. No se fije en lo que hace su mano hasta que tenga la certeza de que el mensaje ha sido recibido en su totalidad.

6. Deje la pluma y agradezca al ángel su respuesta. Lea el mensaje y si es necesario, haga más preguntas hasta que haya recibido una respuesta completa.

7. Sople y apague la o las velas y cierre el círculo.

8. Coma y beba algo antes de leer el mensaje.

Esta escritura es una habilidad útil que le ayudará a comunicarse con el ángel que desee. Algunos lo encuentran muy natural y obtienen valiosa información casi desde el principio. La mayoría necesita tiempo y paciencia para desarrollar esta capacidad. Sin embargo, esto es como montar en bicicleta. Una vez que lo aprenda contará con una gran herramienta que podrá usar siempre que lo desee y por el resto de su vida.

Dictado automático

Este dictado está relacionado con la escritura automática. La diferencia radica en que los ángeles le hablan y usted escribe sus respuestas de manera consciente. Para algunos esto es más fácil que la escritura automática. El procedimiento es similar.

1. Trace un círculo de protección.

2. Siéntese cómodamente dentro del círculo con una pluma y una libreta.

3. Recite el Padrenuestro o lea una o dos páginas de un libro espiritual. Le ayudará a alcanzar el estado mental correcto para el experimento.

4. Pida que un ángel específico acuda a hablar con usted. Puede hacer la petición en silencio o en voz alta.

5. Espere pacientemente hasta que escuche una voz. Ésta por lo general se presenta en forma de pensamientos. Sin embargo, también puede escuchar una voz.

6. Confirme que el ángel es aquél con el que desea comunicarse. Déle la bienvenida y agradezca su presencia.

7. Haga una pregunta; escuche cuidadosamente la respuesta y escríbala de manera consciente.

8. Continúe preguntando hasta cubrir todos los temas que deseaba tratar con él.

9. Agradezca al ángel y despídase. Cierre el círculo de protección y continúe con su día.

10. Más tarde, cuando tenga un rato libre lea nuevamente las respuestas y actúe de acuerdo.

Ya hemos visto una amplia variedad de ángeles a lo largo de este libro. A veces a las personas les es difícil determinar con cuál ángel se deben comunicar para un propósito específico. El tema del siguiente capítulo es la selección del ángel correcto.

~ ONCE

El ángel adecuado
para cada situación

Los ángeles están deseosos y listos para ayudarle en cualquier tipo de situación, pero no siempre es fácil determinar a cuál ángel se debe invocar para un propósito específico. Por lo general la primera opción debe ser su ángel de la guarda, pero habrá ocasiones en que necesitará ayuda adicional, posiblemente más especializada. Por ejemplo, si se encuentra en peligro, debe llamar al arcángel Miguel para que le brinde ayuda y protección. Espero que nunca tenga necesidad de llamarlo por esa razón, pero uno nunca sabe cuándo se encontrará en situación difícil. Yo he requerido auxilio inmediato en varias ocasiones a lo largo de los años, y Miguel siempre ha acudido en mi ayuda en el momento en que lo llamo.

Si va a escalar una montaña puede pedir ayuda a Adnachiel, pues a él le gusta auxiliar a quienes participan en actividades arriesgadas. De igual manera, si tiene problemas con un hijo adolescente puede llamar a Afriel, quien disfruta trabajando con jóvenes. Una amiga que acaba de abrir un pequeño negocio minorista invoca con frecuencia a Anauel, uno de los ángeles que se ocupan de la prosperidad y el éxito financiero.

Hay ángeles para cada propósito. Si no está seguro a cuál en particular debe llamar, pida a su ángel guardián que le ponga en contacto con el más adecuado a sus necesidades.

Su ángel de la guarda

Su ángel de la guarda le ha estado cuidando desde el día de su nacimiento, guiándole, dándole protección, apoyo y compañía constante.

Debe llamarlo siempre que se enfrente a la tentación. Por lo general, él le sugerirá que haga lo correcto. Quizá conscientemente no se dé cuenta, pues es probable que el mensaje llegue como un destello de intuición.

Siempre que rece debe llamar a su ángel de la guarda. Dios siempre recibirá sus plegarias, sin importar cómo las diga. Pero su ángel combina sus oraciones con las suyas, haciéndolas aún más efectivas.

El ángel de la guarda le protege constantemente. Siempre que haga algo fuera de lo normal puede pedir protección adicional. Hacer un viaje o aprender una nueva habilidad son buenos ejemplos.

LA EXPERIENCIA DE EDWINA

Edwina asistió a varias de mis clases de desarrollo psíquico a lo largo de los años. Cuando la conocí era una adolescente callada y tímida en extremo, y hablaba muy poco durante las clases. Esto cambió cuando comenzamos a estudiar a los ángeles.

"Siempre supe que tenía un ángel guardián", me dijo, "pero no sabía cómo hablarle".

Después de esto, cada semana nos relataba sus comunicaciones con su ángel de la guarda. La mayor parte estaba relacionada con problemas con su novio, y su ángel siempre le daba buenos consejos.

Después de unos cuantos meses, el ángel comenzó a advertirle acerca de su novio, insinuando que llevaba una doble vida y no era la persona que ella creía. Cuando Edwina le preguntó a su novio, éste se tornó iracundo y ofensivo. Ella no sabía qué hacer. Pensaba que lo amaba, pero ahora había conocido otro aspecto de su carácter. Confiaba en su ángel guardián indudablemente.

Los miembros de la clase le dieron varios consejos, pero fue ella quien decidió terminar la relación. Su novio enfureció, pero no había nada que pudiera hacer.

Edwina atravesó un periodo difícil. Se sentía triste y a pesar de las afirmaciones de su ángel, se preguntaba si había hecho lo correcto.

Una mañana el teléfono la despertó. Era la mujer para la que Edwina trabajaba medio tiempo; le dijo que habían arrestado a su antiguo novio acusándolo de tráfico de drogas y estaba en prisión.

Edwina lo visitó algunas veces. "Mi ángel de la guarda me lo sugirió", nos dijo. "De alguna manera eso me liberó, pues él ya no quería saber de mí. Ahora puedo seguir con mi vida. Mi ángel me dice que hay un hombre mejor esperándome, y que no falta mucho tiempo para que lo conozca".

Edwina se comunica con su ángel cuando menos dos veces al día. "Hablamos de todo", dice. "Oramos juntos y él da una dimensión totalmente nueva a mis plegarias. Antes nunca rezaba. Todavía no me pongo en contacto con otro ángel. No he tenido necesidad, pues mi ángel guardián está feliz de ayudarme siempre que lo necesito".

Los ángeles de los elementos

Evoque a los ángeles de los elementos siempre que necesite eliminar la negatividad de su vida. La negatividad proviene de muchas direcciones. En ocasiones la creamos en nuestra propia mente, mientras que en otras los comentarios, las actitudes y el comportamiento de las personas crea un ambiente negativo. Trate de evitar ese tipo de gente tanto como pueda. La vida es más fácil y mucho más placentera cuando pasamos tiempo con seres divertidos y positivos.

También debe llamar a estos ángeles siempre que sienta que necesita de sus energías. Por ejemplo, si necesita un conocimiento certero, debe ponerse en contacto con los ángeles de la tierra. Los del aire le darán energía y elocuencia. Los ángeles del agua restauran su equilibrio emocional y los del fuego transmiten entusiasmo y deseo de conocimientos.

LA EXPERIENCIA DE TIMOTHY

Cuando conocí a Timothy trabajaba como técnico de laboratorio en un gran hospital. Su sueño era ganarse la vida como pintor artista. Pocas personas fuera de su familia conocían su talento con la pintura, y aun su familia desconocía su sueño.

Su vida comenzó a cambiar durante una clase, cuando hablamos sobre los ángeles de los elementos. Comenzó a indagar acerca de los ángeles del agua y preguntó si ayudaban a la creatividad. Timothy se quedaba después de la clase a disfrutar de una taza de té o café y a platicar con los demás estudiantes. Sin embargo, la noche en que hablamos sobre los ángeles de los elementos se fue apenas terminó la clase.

La siguiente semana nos contó acerca de su sueño y cómo siempre le había parecido imposible.

"Quizá tenga algo de talento", nos dijo, "pero carezco de entrenamiento formal. Me parecía casi arrogante pensar que podía ganar dinero con mi pintura. Pero desde la última vez que estuve aquí, todas las noches he realizado un ritual y platicado con los ángeles del agua. Me dicen que crea en mí mismo y que me ayudarán a que todo suceda".

Algunos de los compañeros de clase se mostraron escépticos. "¿No tienes que pagar una hipoteca?", preguntó alguien.

"Sí, sí tengo, y esposa y dos hijos".

"¿Puedes comenzar a hacerlo medio tiempo?", le preguntaron.

Timothy asintió. "Ese es mi plan. Pero los ángeles me dicen que estaré trabajando tiempo completo más pronto de lo que me imagino".

La siguiente semana nos mostró una de sus pinturas. Quedamos asombrados al ver lo bueno que era, y uno de los estudiantes charló con él más tarde y le pidió que lo pintara.

Unas semanas más tarde Timothy nos habló nuevamente. "Los ángeles dicen que no estoy cobrando lo suficiente, así que he subido mis precios".

De nuevo, algunos se mostraron dudosos. "¿No sería mejor cobrar poco hasta que tengas un mercado?"

Timothy se encogió de hombros. "Es lo que los ángeles me dicen; estoy seguro de que tienen razón".

La tenían. Timothy aceptó más pedidos y rápidamente tuvo una lista de personas esperando que les pintara su retrato. Unos cinco años después me llamó por teléfono muy emocionado.

"Voy a dejar mi empleo. Los ángeles me han dicho que puedo ganarme la vida pintando".

Los ángeles del zodiaco

Llame a los ángeles zodiacales siempre que esté pensando o planeando su futuro. Si piensa acerca del futuro de otra persona use estos ángeles, o bien los del mes en que se encuentre en ese momento.

También puede usar los ángeles de los días de la semana o de las horas para que le ayuden en momentos específicos.

El mejor instante para ponerse en contacto con los ángeles del zodiaco es el día de su cumpleaños. Pídales sugerencias y ayuda para el año venidero. También aquí puede hacer una petición especial.

LA EXPERIENCIA DE HAMISH

Nunca conocí a Hamish. Su esposa Gladys asistió a varias de mis clases y cada noche al regresar a casa, compartía con Hamish lo que había aprendido. Habíamos estado hablando sobre estos ángeles como una semana antes del cumpleaños de Hamish.

Él decidió escribir una carta a su ángel astrológico. Salió a dar una larga caminata para pensar en lo que iba a pedir. Tenían hijos adolescentes que les causaban estrés e irritación constantes. Su hijo mayor andada con compañías dudosas y les preocupaba que estuviera involucrándose con drogas. Hamish también estaba pasando por tiempos difíciles en el trabajo y estaba pensando en buscar empleo en un campo diferente. Además, su anciana madre se había roto la cadera y necesitaba atención constante.

Al regresar de su caminata, escribió una carta y la colocó bajo su almohada. Cuando Gladys le dijo que se suponía que primero debía realizar un ritual, le contestó que ya se había comunicado con el ángel mientras caminaba. No le dijo lo que había pedido. La siguiente semana, cuando Gladys vino a clase, nos dijo que su esposo había tenido varios sueños relacionados con su petición y los había anotado en un cuaderno. Una semana después nos dijo que Hamish había "enviado" su carta.

El curso terminó antes de que Hamish recibiera respuesta a su petición. Yo lo había olvidado por completo cuando Gladys me llamó por teléfono unos tres meses después.

"No lo vas a creer", me dijo. "¡Hamish y yo nos vamos a Brasil durante tres semanas!"

"¿Brasil?" pregunté asombrado. Nunca la había escuchado mencionar el viaje.

"Sí. Eso es lo que él le pidió a su ángel. Siempre había querido ir a Río de Janeiro".

Pensé en todos sus problemas y Gladys debió percibir mis pensamientos. "Mi hermana se va a mudar a casa para cuidar de la familia mientras estemos fuera, y la madre de Hamish ahora está en un asilo".

"Qué bien", contesté. "Estoy seguro de que va a ser un viaje fabuloso".

"Ni te imaginas de dónde vino el dinero," continuó Gladys. Yo me lo había estado preguntando, pero nunca se lo habría dicho. "Hamish consiguió un contrato muy grande en su oficina, y le dieron un bono, suficiente para cubrir todo el viaje". Gladys rió. "Ya quiero que llegue mi cumpleaños. ¡Ya sé lo que voy a poner en mi carta!"

Los ángeles de la sanación

Puede llamar a los ángeles de la sanación en cualquier instante. No tiene que esperar a que alguien cercano necesite curación física. Llámelos cuando se sienta estresado, extenuado o exhausto, para enviar amor y sanación a las personas especiales en su vida. También puede pedirles que sanen a sus mascotas y plantas.

LA EXPERIENCIA DE CATHERINE

Catherine tenía como unos setenta y algo de años cuando la conocí. Era una dama vivaz, con un brillo permanente en sus ojos. Estaba orgullosa de su apariencia y su ropa era inmaculada. Debido a su edad, me sorprendió cuando contó a la clase que estaba invocando a los ángeles de la sanación para ayudar a su madre.

Su madre tenía noventa y siete años de edad. Tenía una salud aceptable y a regañadientes se había mudado a un hogar de reposo unos meses antes. No era feliz, y Catherine pensaba que había perdido el deseo de vivir.

Catherine realizó un ritual para ponerse en contacto con su ángel de la guarda y le pidió comunicarse con el ángel de su madre, para ver qué tipo de sanación le podía enviar. Dos noches después recibió la respuesta en sueños. El ángel de la guarda de su madre no quería sanación de ningún tipo, pero le dijo a Catherine que le pidiera al arcángel Rafael que enviara su amor.

Catherine se entusiasmó por haber recibido una respuesta directa. Esperaba que su ritual diera resultado, pero no imaginó que recibiría una respuesta del ángel de la guarda de su madre. Un poco más tarde ese mismo día, trazó un círculo mágico y sostuvo una larga conversación con Rafael. Esa noche durmió como no lo había hecho en años.

Todos en la clase deseábamos saber más.

"No sé que decir en realidad," nos dijo Catherine. "Sé que mi madre está mucho más feliz en el asilo. Siempre se quejaba, pero ya no lo hace. Lo que más he notado es su interés por lo que pasa en el mundo. Antes estaba al tanto de las noticias y me entristecí cuando perdió el interés, pues me pareció que era un paso cuesta abajo. Ahora lee el diario y ve las noticias en la televisión nuevamente. Una de las enfermeras me dijo que ya da cortos paseos. Sus movimientos son limitados, por lo que sé que deben ser paseos muy cortos, pero igual es muy bueno. También su apetito ha regresado". Catherine estaba radiante. "No me cabe duda de que Rafael le está enviando mucho amor".

Cada vez que Catherine realizaba un ritual agradecía su ayuda a Rafael. Su madre vivió dos años más y murió tranquilamente mientras dormía.

"Estoy segura de que Rafael vino a decirme que el tiempo de mi madre había terminado", me contó Catherine. "Una mañana desperté rodeada de amor. No pude recordar mi sueño, pero sé que Rafael debe haber estado en él. Acababa de levantarme cuando sonó el teléfono. Supe de qué se trataba antes de contestarlo, desde luego. Después de hablar con la enfermera me puse en contacto con Rafael para agradecerle por haber hecho los últimos dos años de vida de mi madre tan felices para ambas".

Los ángeles de la abundancia

Evoque a los ángeles de la abundancia en cualquier momento, pero es mejor llamarlos cuando se sienta positivo acerca de su vida. Cuando se sienta animado, feliz y motivado es más probable que escuche, absorba y actúe de acuerdo a las sugerencias hechas por los ángeles de la abundancia.

También puede invocarlos cuando se sienta triste o decaído, pero tome nota que necesitará estar atento y consciente para poder aceptar y actuar según el consejo que le den.

La experiencia de Víctor

A veces me preguntaba por qué Víctor venía a mis clases. Era un hombre de negocios muy exitoso, propietario de una cadena de tiendas de moda para damas. De vez en cuando veía su fotografía, junto a su glamorosa esposa, en las páginas sociales de nuestro periódico dominical. Poco a poco supe más de él por las conversaciones que sosteníamos después de clase. Tenía casas en dos países, coleccionaba autos antiguos y viajaba con regularidad. Aparentemente llevaba una vida perfecta.

Era callado en clase, pero cada semana tomaba gran cantidad de notas. En ocasiones hacía una pregunta, pero rara vez participaba cuando se invitaba a los miembros de la clase a compartir sus experiencias. Por tanto, me sorprendió verlo de regreso a clase después de unas vacaciones de siete semanas en el extranjero, y que preguntara si podía hablar de su experiencia con los ángeles de la abundancia.

"Quedé asombrado al descubrir a los ángeles de la abundancia", nos dijo. "Yo pensaba que el trabajo duro y la dedicación eran lo más importante. He sido muy afortunado financieramente, y creía saber todo sobre la abundancia". Movió la cabeza y dijo: "No es así. Pero ahora tengo una mejor idea".

Procedió a hablarnos acerca de sus hijos gemelos, de veinticinco años de edad. "Fui muy estricto con ellos desde el principio," confesó. "Cuando era joven tenía que laborar duro y pensaba que les estaba inculcando buenos hábitos de trabajo. Por desgracia, nada de lo que hacían me parecía suficiente. Olvidé que sólo eran unos niños. Les di todas las cosas materiales que se pueden soñar, pero nunca lo que realmente querían: mi amor". Por un breve instante parecía que Víctor estaba a punto de llorar, pero tragó saliva y siguió hablando. "Kathy siempre me lo dijo, pero yo creía saber más. Entonces, hace seis años durante la Navidad, David y Joel desaparecieron. Iban a la universidad y vivían con nosotros. Una noche estaban en casa; a la mañana siguiente se habían ido. Se mantuvieron en contacto con Kathy, por lo que sabíamos que estaban bien. Se fueron porque yo no los amaba".

Esta vez Víctor no pudo aguantar el llanto y pasaron varios minutos antes de que pudiera continuar.

"Desde luego que los amaba. Son todo para mí, pero busqué en mi mente y no pude recordar una sola vez en que les hubiera dicho cuánto los amaba. Ni una sola. Los chicos permanecieron juntos. Viajaron alrededor del mundo, trabajando en muchos sitios, generalmente donde había playas para remontar olas. Kathy fue a verlos a diferentes lugares durante esos años y se rehusaban a aceptar dinero que ella les ofrecía. Les escribí cartas para que se las entregara, pero nunca me contestaron.

"Luego comenzamos a hablar acerca de los ángeles de la abundancia y me di cuenta de que tenía todo, todo excepto lo que realmente importaba. Durante años no había reído, reído en verdad. Hice el ritual y cuando recité el Salmo 23, una sensación de paz me envolvió. No había leído ni pronunciado ese Salmo cuando menos en treinta años. Hablé con los ángeles y me dijeron qué hacer". Víctor hizo una pausa y miró alrededor de la habitación. "Por eso no había venido. Fui a ver a mis hijos".

Faltó poco para que empezara a llorar de nuevo. "Kathy me dijo dónde estaban y me prometió no avisarles que yo iría. Se encuentran en el Sur de Tailandia, y están muy bien". Sonrió, orgulloso. "Tienen un bote de alquiler y llevan a los turistas a pescar. Pagué el alquiler del bote por un día. En realidad, alquilé todo el bote. Hubieran visto la expresión de sus rostros cuando llegué. Al principio fue un poco embarazoso. No pescamos; solamente navegamos en el bote y hablamos. Hablamos y hablamos. Finalmente me las arreglé para decir lo que debí haber dicho años y años atrás. Nos abrazamos y lloramos. Pasé las siguientes dos semanas con ellos y van a venir a casa en Navidad. Kathy ya está preparando todo. Lo curioso es que antes yo pensaba que era feliz, pero nunca lo he sido, jamás. Siempre pensé que hacer dinero era todo, pero creo que finalmente he aprendido qué es la verdadera abundancia".

Los ángeles del momento de dormir

Muchos invocan a los ángeles cada noche antes de ir a dormir. Es una buena práctica agradecer en silencio a su ángel de la guarda mientras se va quedando dormido.

Quizá cuando usted era niño aprendió el poema al ángel de la guarda:

> Mateo, Marcos, Lucas y Juan,
> Bendita sea la cama en que me encuentro.
> Cuatro ángeles en mi cama,
> cuatro ángeles alrededor de mi cabeza.
> Uno para cuidar y otro para rezar,
> y dos para llevarse lejos a mi alma.

Las primeras dos líneas de este verso son de *A Candle in the Dark* (1656), escrito por Thomas Ady. No se sabe si escribió todo el verso.

Me reconforta y me ayuda repetir en silencio este antiguo verso mientras me quedo dormido. Me ayuda a relajarme y me pone en el estado mental correcto para el contacto angelical durante mi sueño.

Me gusta la sencillez infantil de este poema, pero algunos creen que son muy grandes para usarlo. Sugiero que en su lugar usen la oración al ángel de la guarda:

Ángel de Dios, mi querido guardián,

a quien su amor me encomienda aquí,

siempre este día permanece a mi lado,

para alumbrar y guardar, para mandar y guiar.

Amén.

LA EXPERIENCIA DE BRENDA

Brenda tenía casi treinta años cuando la conocí, y había acudido a mis clases porque estaba segura de haber visto un ángel. Siempre dormía bien, pero esa noche había despertado poco después de la medianoche. Fue al cuarto de baño y regresó a la cama, confiando en volver a dormirse en cuestión de minutos. Media hora más tarde seguía despierta y decidió leer esperando que eso la ayudara a dormir. Cuando iba a encender la luz, sintió una presencia y giró su cabeza. Parado a los pies de la cama estaba un ángel vestido enteramente de blanco. Antes de que tuviera oportunidad de reaccionar, la visión desapareció. Brenda encendió la luz y revisó la habitación. No encontró señales del ángel.

"Comencé a pensar que veía cosas", nos dijo. "Pero entonces una repentina sensación de paz me recorrió el cuerpo. Supe que realmente había visto un ángel, y que él me cuidaba".

Brenda gustaba de contarnos cada semana acerca de los ejercicios y rituales que había realizado. Al principio estaba segura de que volvería a verlo, pero a medida que pasaban las semanas sin señales de una aparición angelical, comenzó a desanimarse.

"Es un consuelo saber que está ahí", decía. "Pero no me deja verlo. ¿Por qué no puedo verlo otra vez?"

A pesar de su creciente inquietud, Brenda le escribió una carta a su ángel y la colocó bajo su almohada. Agradeció su ayuda, le pidió una respuesta y se durmió.

Al despertar pudo recordar su sueño, pero no tenía relación con su pregunta o con su ángel guardián. La noche siguiente escribió de nuevo una carta pero sin recibir respuesta. Cuando regresó a la clase había escrito seis veces la carta.

"Ya ni el problema parece tan grave", dijo. "He pensado en él cada vez que escribo y ahora sé exactamente qué hacer para resolverlo".

"Quizá ese es el mensaje", dijo uno de los estudiantes. "Tu ángel de la guarda sabe que tú sabes qué hacer. ¿Para qué perder el tiempo respondiendo algo que ya sabes?"

"Resuelve el problema", dijo alguien más, "y luego hazle otra pregunta a tu ángel".

Brenda aceptó las sugerencias, pero tan pronto como entró al salón la semana siguiente, supe que nada había sucedido.

"¿Por qué me hace esto?", preguntó. "Resolví el otro problema, y ahora escribí otra carta. La está ignorando".

"No te apresures", le dije. "¿Estás segura de que no has recibido respuesta?"

Brenda frunció el entrecejo. "Creo que no. Pensé en eso mientras escribía, pero al día siguiente ya tenía la respuesta en mi cabeza, así que no hubo necesidad de escribir otra vez".

"¿Cómo surgió la respuesta en tu mente?"

Brenda rió. "¡Oh, no! ¿No estás pensando que mi ángel de la guarda la puso ahí, o si?"

Después de esto Brenda no tuvo dificultad para comunicarse con su ángel de la guarda por carta. No lo ha vuelto a ver, pero sabe que recibirá una respuesta cada vez que le escribe.

Si usted no sabe a cuál ángel debe llamar, busque siempre a su ángel de la guarda, pero puede ponerse en contacto con otros ángeles también, aun cuando sea simplemente para agradecerles su amor y cuidados.

Conclusión

Los ángeles procuran ayudarnos y protegernos en todo momento. Espero que continúe estudiando a los ángeles para crear una conexión y un lazo todavía más íntimos. Manténgase alerta a posibles contactos angelicales dondequiera que vaya. Preste atención a sus pensamientos, intuiciones, corazonadas y sueños. Examine las aparentes coincidencias y ejemplos de casualidades para ver si los ángeles han intervenido. En numerosas ocasiones descubrirá que lo han hecho.

Muchas personas, yo incluido, hemos tratado de descartar la realidad de los ángeles. Cuando trabajaba en una bodega y comencé a recibir mensajes de mi ángel de la guarda, mi primer pensamiento fue que me estaba volviendo esquizofrénico. En aquel entonces me resistía a aceptar a los ángeles en mi vida, pero siempre agradeceré su insistencia por establecer y mantener contacto. Treinta años después, cuando estaba posponiendo el escribir otro libro sobre ángeles, comencé a encontrar plumitas blancas dondequiera que iba. Nuevamente los ángeles me animaban a hacer algo que yo sabía que debía hacer.

Los ángeles también le hablan. Permanezca receptivo, escuche, rece, practique los ejercicios de este libro, realice los rituales y dé la bienvenida a los ángeles en su vida. Ellos profundizarán su conexión con lo divino y mejorarán su vida de muchas maneras diferentes. Se volverá más intuitivo, más consciente y más sensible a las sutilezas de la vida cotidiana. Hasta verá el arcoíris y los atardeceres de una manera diferente. Pondrá más atención a sus sueños y descubrirá su sabiduría interna. Todos mis estudiantes mejoraron sus vidas como resultado de su comunicación con los ángeles. Una de ellas transformó su vida completamente en cuestión de días.

El momento de cambio en la vida de Leslie ocurrió cuando tenía diez años de edad y casi se ahoga en la alberca de la escuela. Muchos años después seguía padeciendo pesadillas. Debido al terror que experimentó en la alberca, desarrolló un miedo increíble a la muerte, lo que le impedía dormir. Todas las noches al ir a la cama, se preguntaba si despertaría por la mañana. Este miedo le dificultaba dormir. Cuando se comunicó con su ángel de la guarda los miedos desaparecieron totalmente. Casi de un día para otro, Lesley se tornó más relajada, confiada y segura de sí misma.

Ella fue un caso excepcional, pero en todos mis estudiantes observé cambios positivos. Sé que el contacto y la comunicación con el reino angelical tienen el potencial para transformarle la vida.

Le deseo mucho éxito en su búsqueda.

Diccionario de ángeles

En las páginas siguientes encontrará sólo algunos de las decenas de miles de ángeles que han sido nombrados en el pasado. He incluido tantos ángeles positivos y serviciales como pude, pues son los que quizá más le ayudarán.

ABARIEL– Es uno de los regentes de la luna y con frecuencia se le invoca en rituales que involucran emociones, fertilidad, partos y misterios femeninos.

ABDIEL (o ABADIEL)– Durante la Guerra en los Cielos, Abdiel se rehusó a rebelarse contra Dios y discutió con Satanás, aduciendo que éste debía ser más débil que Dios, puesto que Dios le había creado. Según el libro de John Milton *Paradise Lost* (El paraíso perdido), Abdiel huyó dejando atrás a Satanás y sus seguidores. Invóquelo para asuntos relacionados con la fe en sí mismo y en Dios.

ABULIEL– Es uno de varios ángeles que se especializan en llevar las plegarias al Trono de Dios. Los otros son Akatriel, Metatrón, Miguel, Rafael y Sizouse. A cualquiera de estos ángeles se le puede invocar enviando una plegaria desesperada pidiendo ayuda.

ACHAIAH– Ayuda a ser más paciente y a conformarse.

ADIMUS– Antes del año 745 EC, a Adimus se le veneraba en la iglesia católica. Sin embargo, en ese año el Papa Zacarías degradó a Adimus, Raguel, Simiel y al arcángel Uriel, pues ninguno de ellos era mencionado por nombre en la Biblia.

ADNACHIEL– Es el ángel de la independencia que cuida de todos los involucrados en actividades pioneras o arriesgadas. También cuida a los del signo Sagitario y el mes de noviembre.

AEONS– En el gnosticismo, los aeons son una orden especial de ángeles que emanaron de la cabeza de Dios. Cada aeon era capaz de crear otros, pero la esencia divina poseía menos y menos poder con cada generación. El aeon más conocido es SOFÍA, llamada a veces Pistis Sofía. Los aeons eran considerados seres espirituales hasta el siglo VI, cuando fueron excluidos de los nueve coros de ángeles por Dionisio el Aeropagita.

AFRIEL— Tiene un interés especial por la gente joven y se le puede invocar en cualquier asunto relacionado con niños o adolescentes.

AKATRIEL— Es el ángel que proclama los misterios divinos. Es uno de los regentes supremos del Séptimo Cielo. Se le puede consultar siempre que haya dudas o misterio acerca de un problema.

AKRIEL— Ayuda a quienes sufren de infertilidad. Esto incluye concepción, esterilidad y falta de libido.

AMASRAS— Este ángel se menciona en el Libro de Enoc. Le gusta ayudar a la gente que trabaja la tierra, como los jardineros y agricultores. También se le puede llamar para aumentar la potencia de los conjuros mágicos.

AMBRIEL— Es el ángel que rige el mes de mayo. Se le puede invocar en algunos asuntos relacionados con la comunicación. También ayuda a quienes buscan un nuevo trabajo o más oportunidades y responsabilidad.

AMITIEL— Es el ángel de la verdad. Se puede pedir su ayuda en asuntos que requieren honestidad e integridad.

ANABIEL— Según la Cábala, se le puede invocar para curar la estupidez.

ANAEL ("La Gracia de Dios")– A veces conocido como Haniel, Hagiel, Hanael o Anael, es el jefe tanto de la orden de los principados como de las virtudes. También es el señor de Venus y regente del tercer cielo. Se le puede invocar para cualquier asunto relacionado con el amor, el romance, los afectos, la sexualidad, la paz, la armonía y la paz interior. Debido a su asociación con el amor y el afecto, es quizá el ángel que se invoca con mayor frecuencia. Se cree que Anael llevó a Enoc al cielo. Dondequiera que va, ayuda a las personas ocupadas en empresas creativas y a quienes se esfuerzan en crear belleza. Anael ayuda a superar la timidez y a tener confianza en sí mismo.

ANAHITA– Es uno de los ángeles de la fertilidad. Se puede invocar su ayuda en cualquier asunto relacionado con la fertilidad y el embarazo.

ANAUEL– Es el ángel de la prosperidad. Puede llamarlo en cualquier problema de dinero o financiero.

ÁNGEL DEL AIRE– Ver Chassán.

ÁNGEL DE LA TIERRA– Ver Porlach.

ÁNGEL DEL FUEGO– Ver Aral.

ÁNGEL DEL SEÑOR– Aparece muchas veces en la Biblia. Existe confusión acerca de si este término se refiere al mismo ángel, o aun si el ángel del Señor es Dios mismo. Por lo general se cree que el ángel del Señor que se apareció a Moisés en la zarza ardiente fue el arcángel Miguel.

ÁNGEL DEL AMOR– Ver Shekinah.

ÁNGEL DE LA PAZ– Según el Testamento de Benjamín, el ángel de la paz cuida y guía el alma de una buena persona cuando muere. El ángel de la paz escoltó a Enoc en su viaje al cielo (registrado en Enoc I).

ANPIEL– Según el saber popular judío, Anpiel es el ángel responsable de cuidar a las aves.

ARAL (o AREL)– Es el ángel del fuego. Este término se ha utilizado para describir a un grupo de ángeles. Según el Zohar, el arcángel Gabriel visitó a Moisés en una lengua de fuego. En el Zoroastroanismo, Atar es el ángel del fuego. En ocasiones se considera a Uriel el ángel del fuego, pues su nombre significa "llama de Dios". También a Ardarel se le llama a veces el ángel del fuego, y quizá Aral sea una abreviatura de Ardarel.

ARCÁNGELES– El prefijo "arc" significa "jefe, principal o más importante". En consecuencia los arcángeles se encuentran entre los ángeles más relevantes. De acuerdo al Apocalipsis existen siete arcángeles, aunque otras fuentes citan cuatro, seis o nueve. El Corán reconoce cuatro arcángeles, pero menciona solamente a dos: Djibril (Gabriel) y Miguel. Miguel, Gabriel, Rafael y Uriel son los arcángeles más conocidos. Entre otros posibles arcángeles se encuentran Anael, Metatrón, Orifiel, Raguel, Raziel, Saraqael y Zadkiel.

ARIEL ("León de Dios")– A Ariel se le menciona en el libro apócrifo *Book of Ezra* (Libro de Ezra) y en *The Key of Solomon the King* (La clave del rey Salomón). Se cree que Ariel ayuda a Rafael a curar las enfermedades y dolencias de humanos, animales y plantas.

ARMAITA– Se le invoca cuando es importante determinar la verdad de un asunto.

ARMISAEL– Es invocado por tradición en asuntos relacionados con labores de parto y dar a luz. Gabriel y Temeluch se invocan para que ayuden al niño mientras está en el vientre materno, pero Armisael es el responsable del proceso de parto.

ASARIEL– Es señor de Neptuno. Cuida a las personas que tienen que ver con la clarividencia y la mediumnidad. También se le puede invocar para que ayude a sanar caballos enfermos.

ASHMODIEL– Es uno de los regentes del signo de Tauro. Se le puede llamar en cualquier asunto de amor o romance.

AZRAEL ("A quien Dios ayuda")– Azrael vive en el tercer cielo, y tiene a su cargo la tarea monumental de registrar los nombres de todos cuando nacen, y borrarlos cuando mueren. En la tradición popular islámica y judía se le considera el ángel de la muerte. Esto probablemente se debe a su interés en la reencarnación. Se le puede invocar cuando se exploran vidas pasadas, o cuando se investigan temas psíquicos.

BALTHIAL– Pida ayuda a Balthial cuando deba perdonar a alguien que le sea difícil hacerlo.

BARAKIEL (o BARACHIEL) ("bendiciones de Dios")– Barakiel rige a los serafines y gobierna el mes de febrero. Infunde una perspectiva positiva de la vida y buena fortuna. Los jugadores que desean tener éxito en sus apuestas lo invocan.

BATH KOL (o BAT QOL) ("voz celestial")– Según una antigua tradición, Bath Kol fue el primero que preguntó a Caín dónde estaba su hermano. También se cree que visitó al rabino Simeón ben Yohai, supuesto autor del Zohar, cuando éste se encontraba en prisión. Bath Kol ayuda a las personas involucradas en la profecía. Los adivinadores pronuncian su nombre para que les ayude a entender un presagio o intuición. Se cree que las siguientes palabras que el adivinador escuche contendrán la respuesta.

BETHELDA– Es el ángel que se apareció al clarividente y teósofo Geoffrey Hodson en 1924. Bethelda le dijo que los ángeles se dividían en grupos especializados, tales como los ángeles de la sanación y los ángeles de la naturaleza.

CAMAEL– Ver Chamuel

CASSIEL– Es el señor de Saturno y del signo de Capricornio. También es regidor del séptimo cielo. Ayuda a las personas a entender la paciencia y les impulsa a superar obstáculos y problemas añejos. Infunde serenidad y enseña templanza. Se le asocia con el karma y ayuda a las personas a entender la ley de causa y efecto. Debido a su asociación con Saturno Cassiel trabaja con lentitud. Igual que a Saturno le toma cuatro años orbitar al Sol, Cassiel puede tardar hasta cuatro años para resolver un problema. Afortunadamente, Rafael está dispuesto a hablar con Cassiel para acelerar el proceso.

CHAMUEL (o CAMAEL, CAMIEL, KEMUEL) ("El que ve a Dios")– Chamuel encabeza el coro de dominios y es uno de los siete grandes arcángeles. Se le puede invocar en asuntos relacionados con la tolerancia, la comprensión, el perdón y el amor. También es uno de los diez arcángeles cabalísticos. Corrige los errores, conforta a las mentes atribuladas y administra justicia. Chamuel rige el planeta Marte. Debe llamarlo siempre que necesite fortaleza adicional o se encuentre en conflicto con alguien. Infunde valor, persistencia y determinación.

CHASSÁN– Es el ángel del aire.

QUERUBINES– Son los ángeles del segundo rango más elevado en la jerarquía de Dionisio. Son los que llevan los registros de Dios y reflejan la sabiduría y la inteligencia divina. Prestan atención especial a todos los detalles.

DÍAS DE LA SEMANA– A ciertos ángeles se les asocia con cada día de la semana. Ver Los ángeles planetarios.

DINA– Según la Cábala, Dina es uno de los guardianes de la Tora (el Antiguo Testamento), y tiene un interés especial en el aprendizaje y el conocimiento.

DJIBRIL– Es la versión islámica del arcángel Gabriel. Djibril es un ángel enorme. Tiene seiscientas o más hermosas alas verdes que cubren la mayor parte del horizonte. Posee un rostro brillante, y las palabras "No hay otro Dios sino Dios, y Mahoma es el profeta de Dios" aparecen escritas entre sus ojos. Fue Djibril quien le dictó el Corán a Mahoma.

DOMINIOS– Son el cuarto rango en importancia según la jerarquía de Dionisio. Trabajan en el cielo como ejecutivos de nivel medio, deciden lo que hay que hacer y enseguida emiten las órdenes necesarias para asegurarse de que el universo funcione como debe.

DONQUEL— Es uno de los ángeles de Venus. Lo pueden invocar los varones que desean el amor de una buena mujer.

ECANUS— Tiene un interés especial en las personas que escriben. Lo deben invocar aquellos que tratan de hacer una carrera literaria.

ELEMIAH— Según la Cábala, Elemiah es uno de los serafines del Árbol de la Vida. Lo pueden invocar todos los interesados en el crecimiento interno y la búsqueda espiritual.

ENOC— Ver Metatrón.

ERELIM (o ARELIM)— En el misticismo judío los erelim son ángeles enormes que cuidan las plantas y la vegetación. Observan lo que sucede en el mundo natural e informan de sus hallazgos directamente a Dios. Esto les resulta fácil, pues aparentemente tienen setenta mil cabezas, y cada cabeza tiene setenta mil bocas. Cada boca tiene setenta mil lenguas y cada lengua pronuncia setenta mil frases.

ETH ("Tiempo")— Es el ángel que asegura que todo suceda en el momento correcto. A Eth se le puede invocar para que nos ayude y nos guíe cuando nuestra paciencia se ha agotado.

EZGADI— Es uno de los ángeles a quienes se puede invocar para que nos protejan cuando viajamos.

GABRIEL ("Dios es mi fortaleza")— Gabriel, uno de los cuatro arcángeles nombrados en la tradición hebraica, es el ángel de la Anunciación y el principal mensajero de Dios.

Es uno de los tres ángeles que se mencionan por nombre en la Biblia. (Los otros son Miguel y Rafael. Rafael figura en el libro *Book of Tobit*, parte de la Biblia católica romana). Gabriel es el regente de los querubines y se sienta a la izquierda de Dios. Fue él quien le anunció a la virgen María que daría a luz a Jesús. Los musulmanes creen que Gabriel le dictó el Corán a Mahoma. Es el ángel de la purificación, la guía y la profecía.

GAVREEL– Es uno de los guardianes del segundo cielo. Algunos expertos creen que cuida el cuarto cielo. Él puede infundir paz interna cuando se necesita.

GAZARDIEL– Es uno de los ángeles responsables del amanecer. Por lo tanto se le puede invocar para un nuevo comienzo o cuando se inicia algo.

ÁNGEL DE LA GUARDA– El concepto del ángel de la guarda es muy antiguo. En el Zoroastrismo a los ángeles guardianes se les llamaba *fravashis*. Antes de los tiempos cristianos, ya los romanos tenían ángeles protectores. Los varones tenían un *genius* y las mujeres una *juno*. Jesucristo confirmó la existencia de los ángeles guardianes cuando dijo: "Mirad que no menospreciéis a uno de estos pequeños; porque os digo que sus ángeles en los cielos ven siempre el rostro de mi Padre que está en los cielos" (Mateo 18:10). Orígenes, antiguo teólogo cristiano, creía que todos tenemos tanto un ángel bueno como uno malo. El ángel bueno guía y protege a la persona, mientras que el malo la tienta. Santo Tomás de Aquino pensaba que todos tenemos un ángel de la guarda. Según las creencias católicas todos reciben un ángel de la guarda en el momento de nacer, para cuidarlos y protegerlos durante su vida. El 2 de octubre de cada año los católicos festejan el día del ángel de la guarda. En el Talmud se dice que cada judío tiene once mil ángeles guardianes. Los mahometanos cuentan con cuatro ángeles de la guarda, llamados Hafaza. Dos cuidan de la persona durante el día, y los otros dos durante la noche. Estos cuatro ángeles también se ocupan de escribir las buenas y malas acciones de sus protegidos. Los registros se utilizarán para evaluar a cada persona el Día del Juicio. Es importante comunicarse con el ángel guardián tanto en las buenas épocas como en las malas. Su ángel le infundirá paz en tiempos de tristeza y desgracia, y le llenará de buenas ideas, sentimientos positivos y un deseo de realizar buenas acciones en los momentos felices.

HAAMIAH– Es el ángel de la integridad y tradicionalmente cuida a quienes buscan sinceramente el conocimiento espiritual.

HABBIEL– Se le asocia con el primer cielo y la Luna. Tiene un gran interés en el amor, la lealtad y el compromiso. Invóquelo si usted o su pareja tienen problemas para comprometerse.

HADRANIEL ("grandeza de Dios")– Según la tradición hebrea, Dios reprendió a Hadraniel cuando éste hizo llorar a Moisés al llegar al cielo para recibir la Tora. Después de este suceso, Hadraniel decidió ayudar a Moisés y lo hizo utilizando su poderosa voz. Aparentemente su voz puede atravesar dos mil firmamentos. Cada palabra que pronuncia produce doce mil relámpagos. Llámelo siempre que necesite ayuda para expresarse.

HAEL– Es el ángel a invocar cuando desee enviar bendiciones a alguna persona para agradecerle su ayuda o gentileza.

HAFAZA– Ver Ángel de la guarda.

HAMAEL– Se le puede invocar siempre que sea esencial aparentar calma y dignidad. Hamael infunde un sentido práctico, persistencia y determinación.

HAMALIEL– Es uno de los regidores del mes de agosto y del signo de Virgo. Se le puede llamar para cualquier asunto relacionado con la lógica y la atención al detalle.

HANIEL– Ver Anael.

HARAHEL (o HARAREL)– Es el responsable de las bibliotecas, archivos y otros depósitos de conocimiento. Se le puede pedir ayuda y consejo en asuntos relacionados con el estudio y el aprendizaje.

HAZIEL– Es miembro del coro de los querubines. Invóquelo siempre que busque la piedad y compasión de Dios.

HODNIEL– Uno de los ángeles que se puede invocar para que ayude a curar la estupidez humana.

IAHHEL– Este ángel se ocupa de las necesidades de los ermitaños y los filósofos. Se puede solicitar su ayuda en la meditación y pedirle consejo si decide retirarse del mundo durante un tiempo.

IOFIEL– Ver Jophiel.

ISDA— Es el ángel que nutre espiritualmente a la humanidad. Cualquier persona que desee sustento espiritual lo puede invocar.

ITQAL— Trabaja con el arcángel Haniel y se especializa en resolver desacuerdos, especialmente entre miembros de familia. También restaura el amor y los afectos y aumenta la consideración por los demás.

JEGUDIEL ("la gloria de Dios")— El arcángel Jegudiel ayuda a quienquiera que trate de establecer una relación más íntima con Dios. Da oportunidad a personas honestas, sinceras y dispuestas a trabajar duro para alcanzar objetivos espirituales valiosos.

JEHOEL— Rige la orden de los serafines. De acuerdo al Apocalipsis de Abraham Jehoel le llevó a recorrer los cielos y finalmente a conocer a Dios. Según la leyenda judía Jehoel encabeza los coros celestiales que cantan incesantes alabanzas a Dios. Disfruta ayudando a los músicos, especialmente a los cantantes.

JELIAL (o JELIEL)— Este ángel pertenece a la orden de los serafines. Los miembros de este coro por lo general no ayudan a las personas, pues están enfrascados en el servicio a Dios. Sin embargo, Jelial siempre ha mostrado interés por estimular el amor y la pasión en las relaciones existentes. Llame a Jelial si sus relaciones sufren por falta de pasión.

JEREMIEL— Al arcángel Jeremiel se le menciona en el Libro de Esdras. Es posible que Jeremiel sea otro nombre del arcángel Uriel.

JOPHIEL (o IOPHIEL, IOFIEL o ZOPHIEL) ("la belleza de Dios")– Se cree que Jophiel cuidaba el Árbol del Conocimiento en el Jardín del Edén. También cuidó a los tres hijos de Noé. Es uno de los príncipes de la Divina Presencia, y se cree que es amigo muy cercano de Metatrón. Está muy interesado en la belleza y lo puede invocar quien esté ocupado en crear belleza en cualquier forma. Jophiel ayuda a las personas que usan su creatividad.

KAKABEL (o KOCHBIEL) ("estrella de Dios")– Kakabel es un ángel controvertido, encargado de la honorable tarea de cuidar a la Luna y a las estrellas. Sin embargo y según ciertos registros perdió su reputación por enseñar astrología a los humanos. Todavía peor, se le acusó de tener relaciones con una mujer. A pesar de todo sigue cuidando a los astrólogos, así como a las estrellas y sus constelaciones.

KERUBIEL– Uno de los líderes de los querubines. Su altura alcanza los siete cielos y de su boca salen poderosas llamas con cada palabra que pronuncia. Su cuerpo está hecho de carbones ardientes cubiertos con miles de penetrantes ojos. Truenos, relámpagos y terremotos le acompañan a dondequiera que va. A pesar de su apariencia amenazadora, brilla con la luz divina de la Shekinah.

LAHABIEL– Es uno de los principales asistentes de Rafael. Se le puede invocar para protegernos de cualquier tipo de mal. Tradicionalmente a Lahabiel se le llamaba para proteger a las personas de los hechizos mágicos, maldiciones o mal de ojo. También se le puede llamar cuando se percibe cualquier manifestación del mal.

LAILAH– Es el ángel judío de la noche. Cuando una mujer concibe, Lailah lleva la esperma a Dios, quien decide qué clase de persona será el próximo bebé. Después Dios ordena a un alma entrar al embrión, mientras un ángel monta guardia para evitar que escape. Lailah se ocupa de los asuntos relacionados con la concepción y el embarazo.

ÁNGEL DE LA LIBERACIÓN– Así es como la Shekinah fue descrita en la Cábala. Ver Shekinah.

LIWET– Es el ángel de la creatividad y se le invoca cuando hay dudas sobre esta clase de capacidades.

MACHIDIEL– Es uno de los ángeles del Árbol de la Vida. Lo pueden invocar los varones que buscan amor.

MAION– Es a quien se debe llamar cuando se necesita control o autodisciplina.

MALAHIDAEL– A este ángel se le invoca siempre que requiera del valor necesario para defender lo que considera correcto.

MEHIEL– Según el misticismo judío, Mehiel cuida a los escritores, profesores y comunicadores.

MELQUIZEDEC (o MELQUISEDEK)– Pertenece a la orden de los principados y virtudes. Dionisio el Aeropagita escribió que era el jerarca más amado y preferido de Dios. Hipólito (c. 170-235), líder cristiano y antipapa, consideraba que Melquisedec era más importante que Jesucristo. En el *Book of Mormon* (Libro de Mormón), Melquisedec es el príncipe de la paz. Se le puede llamar cuando se necesita paz, tranquilidad y el amor de Dios.

METATRÓN— Es el canciller del cielo y uno de los líderes de los serafines. Es el ángel más importante en las creencias populares judías, lo que posiblemente sea la razón de su nombre, que significa "el trono junto al Trono de Dios". Según la leyenda, Metatrón era originalmente Enoc, un hombre que vivió trescientos sesenta y cinco años en la Tierra antes de que "Dios se lo llevara" y lo convirtiera en ángel (Génesis 5:23-24). El ángel Metatrón tiene trescientos sesenta y cinco ojos y treinta y seis alas. Enoc era escriba antes de su transformación, y ha continuado trabajando como secretario de Dios. De acuerdo a las creencias judías Metatrón lleva las plegarias de este pueblo a través de novecientos cielos y directamente a Dios. Según el Zohar, Metatrón combina la perfección humana y la angelical, lo cual le ayuda en su trabajo de gobernar el mundo entero. Por fortuna cuenta con setenta príncipes angelicales que le apoyan en la tarea. Debe llamar a Metatrón siempre que se encuentre sumergido en profundos pensamientos.

MIGUEL ("el que es como Dios")— El arcángel Miguel es el ángel mayor de la cristiandad, el islam y el judaísmo. No es sorprendente, ya que Miguel es el más importante ángel guerrero de Dios que lucha por todo lo bueno, honorable y justo. Miguel gobierna la orden de los principados y virtudes, es jefe de los arcángeles, príncipe de la Presencia y ángel del arrepentimiento. Él arrojó a Satanás de los cielos después de la batalla entre los ángeles buenos y malos. Miguel también tiene a su cargo la tarea de acompañar a las almas de regreso al cielo después de la muerte física. Con frecuencia se le representa llevando una balanza, pues tiene la importante tarea de pesar a las almas para determinar su valor durante el Juicio Final.

MIHAEL– Según la Cábala, Mihael es el ángel de la fertilidad. También se le puede invocar para asegurarnos la lealtad y fidelidad.

ÁNGELES DE LOS MESES– Estos son los ángeles que gobiernan cada mes del año:

Enero: Gabriel o Cambiel

Febrero: Barchiel

Marzo: Machidiel o Malachedael

Abril: Asmodel

Mayo: Ambriel

Junio: Muriel

Julio: Verchiel

Agosto: Hamaliel

Septiembre: Uriel o Zuriel

Octubre: Barbiel o Barkiel

Noviembre: Adnachiel o Advachiel

Diciembre: Anael

MORONI– Es quien se apareció a Joseph Smith, fundador de la Iglesia de Jesucristo de los Santos de los Últimos Días y le indicó el lugar donde estaban enterradas las tablillas doradas que contenían el *Book of Mormon* (Libro de Mormón).

MURIEL– Es uno de los regentes del coro de las dominaciones. También es el responsable del signo de Cáncer y cuida del mes de julio. A Muriel se le puede invocar siempre que necesite controlar sus emociones.

NEMAMIAH– Pertenece al coro de los arcángeles y está muy interesado en las causas justas. Debe invocarlo siempre que busque justicia.

OPHANIEL (u OFANIEL)– Uno de los líderes querubines.

PASCHAR (o PASCAR)– Hay siete ángeles, incluyendo a Paschar, de pie frente al Trono Sagrado. Se le puede invocar si busca ayuda para profetizar o adivinar.

PERPETIEL– Se le puede llamar si está trabajando en un proyecto importante pero se le dificulta llevarlo a cabo. Perpetiel también le ayudará a lograr el éxito.

PHANUEL– Ver Raguel.

PHORLACH (o FORLAC)– El ángel de la Tierra.

ÁNGELES PLANETARIOS– Los antiguos romanos asociaban los días de la semana con los siete planetas visibles. Gradualmente esta asociación incorporó más y más elementos, incluyendo a los ángeles. La primera evidencia documentada de esto proviene de la España del siglo XII. En aquella época la filosofía esotérica florecía y los eruditos europeos comenzaron a traducir libros antiguos muy valiosos, encontrando mucha información durante el proceso. He aquí los planetas y los ángeles que se asocian por lo general con cada día de la semana:

Domingo: Sol—Miguel
Lunes: Luna—Gabriel

Martes: Marte—Camael

Miércoles: Mercurio—Rafael

Jueves: Júpiter—Sachiel

Viernes: Venus—Anael

Sábado: Saturno—Cassiel

POTESTADES– Son ángeles del sexto rango más elevado, según Dionisio. Su tarea es asegurarse de que todas las leyes del universo funcionen a la perfección.

PRINCIPADOS– Son ángeles del séptimo rango más elevado según la jerarquía de Dionisio. Guían y apoyan a los líderes, dirigentes y naciones. También asisten a las religiones a difundir la verdad y supervisan el ascenso y la caída de las naciones.

RAGUEL ("amigo de Dios")– A veces se conoce con el nombre de Phanuel (o Fanuel); supervisa el comportamiento de sus congéneres los ángeles, y rige la orden de las dominaciones. Algunas personas creen que fue Raguel quien llevó a Enoc al cielo. Se le considera un asistente de Dios amable y solícito. Invoque a Raguel si está tratando de afirmar o fortalecer su fe.

RAHMIEL (o RHAMIEL)– Son los ángeles de la compasión. A Rahmiel se le puede pedir que ayude a las personas carentes de amor y compasión. Algunos creen que al morir, san Francisco se convirtió en el ángel Rahmiel. Enoc y Elías son los otros humanos que pueden haber sido transformados en ángeles.

RAFAEL ("Dios alivia")– Es uno de los arcángeles más importantes. Se le considera el regente del Sol, gobernante del segundo cielo y jefe de la orden de los principados y virtudes. Tiene un interés especial en la curación, la creatividad, el conocimiento, la ciencia, la comunicación, los viajes y las personas jóvenes. Rafael es considerado un ángel guardián, pues según el Libro de Tobit cuidó a Tobías. También se ocupa de los ángeles de la guarda. En efecto, Rafael es el ángel guardián de la humanidad.

RAZIEL ("el secreto de Dios")– Es el ángel sabio que sintió pena por Adán y Eva cuando fueron expulsados del Jardín del Edén. Dio a Adán el Libro del Ángel Raziel. Éste contenía todo el conocimiento del Universo y permitió a Adán formarse una vida fuera del Jardín. A la muerte de Adán, eventualmente el libro llegó a las manos de Enoc (ver Metatrón), quien lo memorizó convirtiéndose en el hombre más sabio de su tiempo. Todavía más tarde lo tuvo en sus manos Noé, quien lo utilizó como ayuda para construir su arca. Cientos de años después el libro perteneció al rey Salomón, quien lo usaba para hacer magia. Desgraciadamente, cuando murió el libro desapareció. Póngase en contacto con Raziel siempre que necesite respuestas a preguntas imponderables. A él le agrada particularmente ayudar a que los pensadores originales desarrollen sus ideas.

REHAEL– Pertenece al coro de las potestades, y es el ángel de la longevidad. Se le puede invocar en asuntos de salud, respeto por uno mismo y por los demás (especialmente por los padres).

REMIEL– Es el ángel de la visión divina. Es un arcángel que tiene a su cargo el cuidado de las almas de los fieles después de que han sido pesadas por Miguel. Es feliz ayudando a las personas con necesidad particular de ver al futuro.

ROCHEL– Es el ángel de las prendas perdidas y se le puede invocar cuando algo se ha traspapelado o perdido.

RUBIEL– Es conocido como el amigo de los jugadores y se le invoca siempre que esté participando en juegos de azar.

SACHIEL– Se le considera el señor de Júpiter y es miembro del coro de los querubines. Tiene gran interés por los asuntos legales, la buena fortuna, la expansión y la beneficencia. Con frecuencia se le invoca en asuntos financieros. Sachiel está dispuesto a ayudarle a ganar dinero, pero no para obtenerlo gratuitamente.

SAGNESSAGIEL– Es el príncipe de la sabiduría. Infunde sabiduría, conocimiento y comprensión. Enseña paciencia y perdón. Es posible que Sagnessagiel sea otro nombre de Metatrón.

SALAPHIEL (o SALAFIEL) ("comulgante de Dios")– Salaphiel aparece en la lista de los siete arcángeles principales en el *Libro de Tobit* y en el *Libro de Esdras*. La tarea principal de Salaphiel es ayudar a las personas a orar. Pida su ayuda si se distrae fácilmente mientras reza, y si quiere aprender a orar más eficazmente.

SAMANDIRIEL– Es el ángel de la fertilidad. Quien tenga problemas para concebir puede rogar su ayuda. También se le puede invocar en cualquier asunto relacionado con la imaginación, la visualización y la creatividad.

SAMAEL– Originalmente en el judaísmo se consideraba que Samael era un ángel malo. Su nombre quiere decir "dios ciego". En ese sentido, "ciego" quiere decir ignorante, y los gnósticos consideraban la ignorancia como el foco del mal. Actualmente a Samael se le considera el ángel protector que infunde persistencia y valor cuando se necesita; está dispuesto a ayudarnos a enfrentar a nuestros enemigos con gentileza, para detener y eliminar las dificultades duraderas.

SANDALPHÓN (o SANDALFÓN)– Ayuda a Metatrón a tejer las plegarias judías en forma de guirnaldas para adornar la cabeza de Dios. A pesar de su preferencia por dichas plegarias está dispuesto a llevar cualquier oración al cielo. Según la leyenda judía Sandalphón era originalmente el profeta Elías y se le considera el hermano gemelo de Metatrón. De acuerdo a la Biblia, "Elías fue arrebatado por un remolino al cielo" (2 Reyes 2:11). Sandalphón es muy alto y se cree que tomaría quinientos años trepar desde sus pies hasta lo alto de su cabeza.

SARIEL ("el mandato de Dios") Según el *Libro de Enoc* Sariel era uno de los siete arcángeles originales. Sariel ayuda a las personas que desean aprender. Según las creencias populares judías Sariel alentó a Moisés a estudiar. También tiene interés en la sanación y ayuda a Rafael en esta tarea. Sariel guía cuando es necesario y con frecuencia se le invoca en la magia ceremonial. Protege contra el mal de ojo.

ÁNGELES DE LAS ESTACIONES– Los ángeles de las estaciones gobiernan estas cuatro épocas:

> Primavera: Amatiel, Caracasa, Core y Commissoros
> Verano: Gargatel, Gaviel y Tariel
> Otoño: Tarquam y Guabarel
> Invierno: Amabael y Ceterari

SEDEKIAH– Se le llama con frecuencia por quienes buscan minas y tesoros tales como el oro y los diamantes.

SERAPHIEL (o SERAFIEL)– Es uno de los líderes de los serafines. San Francisco fue uno de los pocos seres humanos que vieron un serafín. No se puede invocar a un serafín pero a Seraphiel se le puede pedir paz mental.

SERAFINES ("los que arden")– Los serafines son el rango más elevado de los nueve coros de ángeles, y los que están más próximos a Dios. Tienen cuatro rostros y seis alas. Su luz es tan brillante que los humanos no pueden existir en su presencia. Los serafines vuelan incansablemente alrededor del trono celestial, cantando: "Sagrado, sagrado, sagrado".

ÁNGELES DE LOS SIETE CIELOS– Cristianos, judíos y musulmanes creen en el cielo. Los relatos apocalípticos de los cielos dan cuenta de un cielo hasta diez, pero la mayoría está de acuerdo en que hay siete, probablemente debido a los siete planetas visibles. Quizá la tradición de los siete cielos se originó en Mesopotamia hace siete mil años.

PRIMER CIELO—El primer cielo contiene el mundo físico. Lo gobierna Gabriel y es el hogar de todos los ángeles relacionados con los fenómenos naturales del universo.

SEGUNDO CIELO—Es regido por Rafael. Es hogar de los pecadores que esperan el Día del Juicio. Algunos ángeles caídos están aquí.

TERCER CIELO—Baradiel está a cargo. En la parte Sur de este cielo se encuentran el Jardín del Edén y el Árbol de la Vida. Trescientos ángeles de luz lo protegen. En la parte Norte no podría ser más diferente, pues ahí está el infierno. No es de sorprender que en él se encuentren algunos de los ángeles caídos.

CUARTO CIELO—Gobernado por Miguel. Ahí se encuentran el Templo sagrado y el Altar de Dios.

QUINTO CIELO—La mayoría de las fuentes indican que aquí gobierna Zadkiel. (En algunos relatos esta tarea la atribuyen a Sandalphón). Aquí se encuentran algunos ángeles caídos (al igual que en el segundo y tercer cielo).

SEXTO CIELO—Zebul rige el sexto cielo por la noche y Sabath lo hace durante el día. Aquí se guardan todos los registros celestiales y los coros de ángeles los estudian incesantemente.

SÉPTIMO CIELO— Aquí gobierna el arcángel Cassiel. Dios, los serafines, los querubines y los tronos viven allí.

SHAMSHIEL ("luz de día")– Según la tradición judía, Shamshiel cuida el Jardín del Edén. Guió a Moisés en un recorrido por el Jardín. Está listo para ayudar a quien tenga un deseo genuino de mejorar su jardín.

SHEKINAH, LA– En la tradición judía la Shekinah es el aspecto femenino de Dios. Shekinah quiere decir "refugio" o "morada". Es la Gran Madre del universo, la Reina del Cielo. Se cree que es el ángel al que Jacob se refería como "el ángel que me redimió de todo mal" (Génesis 48:16). Los místicos judíos cuentan cómo la Shekinah fue separada de su amante, Dios Padre, después de que Adán y Eva fueron expulsados del Jardín del Edén. Desde entonces sólo se juntan las noches de los viernes, la noche antes del Sabbath. Se reunirán finalmente sólo cuando la luz original de la Creación regrese a su fuente. Por fortuna cada acto de amor, generosidad y compasión acerca más y más a la pareja. La Shekinah proporciona unidad y paz mental. Se deleita ayudando a los amantes.

SOFÍA ("sabiduría")– Es uno de los más importantes eones. Algunos consideran a Sofía como el más grande de todos los ángeles, pues creen que dio vida a todos los demás.

TAHARIEL– Es el ángel de la castidad y la purificación. Es a quien hay que llamar cuando necesita un respiro en las relaciones cotidianas y busca una mayor asociación con la divinidad. Este momento puede ser breve o largo, pero purificará su cuerpo, mente, corazón y alma.

TEIAZEL– Es el ángel que cuida de los escritores, artistas, escultores y músicos. Estas personas lo pueden invocar cuando necesiten ayuda en sus actividades creativas.

TEMELUCH– Es el responsable de cuidar del embarazo y tradicionalmente ayuda a Gabriel a instruir al bebé antes de su nacimiento.

TEOAEL— Es miembro del coro de los tronos. Se le puede invocar para que ayude en nuevas empresas de negocios. Según la tradición se le invocaba para proteger a las naves que se hacían a la mar con carga preciosa. La mejor forma de llamar a Teoael es escribirle una carta explicando exactamente su deseo. Envíela utilizando el ritual mencionado en el capítulo 3.

TEZALEL— Es el responsable de la confianza y fidelidad en todas las relaciones amorosas. Ruegue a Tezalel si está preocupado por la calidad de su relación.

THELIAL— Es el príncipe angelical del amor. No es sorprendente su asociación con el planeta Venus. Llámelo si quiere atraer el amor a su vida. Thelial no hará que una persona en particular se enamore de usted, pues esto quizá no sea lo mejor para ambas partes. Sin embargo, creará situaciones en las que usted pueda conocer personas que resulten candidatos adecuados.

TRONOS— Son el tercer rango más alto de los ángeles. A veces se les conoce como "ruedas", pues Ezequiel, el profeta del Antiguo Testamento, los vio como ruedas ardientes. Son los ángeles de la justicia. Su tarea es aconsejar a Dios cuando toma decisiones importantes.

URIEL ("fuego de Dios")— Es el arcángel de la profecía. También es regente del Sol y está a cargo de todos los fenómenos naturales tales como inundaciones y terremotos. Según una leyenda judía Uriel advirtió a Noé sobre la inminente inundación. También es vigilante del infierno. A Uriel se le puede pedir ayuda en actividades creativas.

UZZIEL ("poder de Dios")– Uzziel infunde fe y esperanza en nuestros momentos más oscuros. Es el ángel que debemos invocar cuando todo parece irremediable y aparentemente no tiene sentido seguir adelante.

VALOEL– Infunde paz, contento y entendimiento. Cuando la vida se torna demasiado agitada o tumultuosa, Valoel puede darnos la necesaria paz mental para manejar la situación.

VASARIAH– Pertenece al coro de las dominaciones y cuida a los abogados, jueces y cortes de justicia. Se puede invocar en cualquier asunto relacionado con honradez, justicia y rectitud.

VERCHIEL (o VARCHIEL)– Es uno de los regentes del coro de las potestades. Da amor, afecto y amistad. Llame a Verchiel cuando esté atravesando dificultades con su familia o sus buenos amigos.

VIRTUDES– Son el quinto rango más alto de los ángeles en la jerarquía de Dionisio. Están a cargo de todas las leyes naturales para mantener al universo funcionando como se debe. Por lo tanto también son su responsabilidad los milagros que van en contra de dichas leyes. El arcángel Miguel es el príncipe regente del coro de las virtudes. Entre los regentes también se encuentran Barbiel, Peliel, Rafael y Uzziel.

VRETIL– Es el escriba divino que cuida los libros sagrados de los cielos. Se cree que es el ángel más sabio de todos. Invóquelo cuando busque sabiduría o información.

YEHUDIAH– Es el ángel del duelo y le puede pedir consuelo cuando un ser amado fallece. Es uno de los principales mensajeros de Dios.

ZACHARIEL– Se le puede invocar para que mejore la memoria de las personas.

ZADKIEL o TZADKIEL ("rectitud de Dios")– Zadkiel es el regente de Júpiter, de Sagitario, y se cree que es jefe del coro de las dominaciones. Zadkiel es también el ángel de la justicia divina. Debido a su asociación con Júpiter proporciona abundancia, benevolencia, piedad, perdón, tolerancia, compasión, prosperidad, felicidad y buena fortuna. De acuerdo a una leyenda judía fue Zadkiel quien evitó que Abraham sacrificara a su hijo Isaac. Invóquelo cuando tenga problemas financieros o legales.

ZAGZAGEL ("rectitud de Dios")– En las creencias populares hebreas Zagzagel es el ángel de la zarza ardiente que aconsejó a Moisés (Éxodo 3:2), enseñó, y era uno de los tres ángeles que acompañaron su alma al cielo. Se cree que Zagzagel gobierna el cuarto cielo. En su tiempo libre también enseña a otros ángeles. Llámelo siempre que requiera conocimiento o sabiduría.

ÁNGELES DEL ZODIACO– Los ángeles han sido asociados con los doce signos del zodiaco durante miles de años. Se trata de una asociación lógica pues los ángeles, las estrellas y los planetas están ligados a los reinos celestiales. Las siguientes son las asociaciones tradicionales de los ángeles con los signos astrológicos:

Aries: Malahidael o Machidiel

Tauro: Asmodel

Géminis: Ambriel

Cáncer: Muriel

Leo: Verchiel

Virgo: Hamaliel

Libra: Uriel o Zuriel

Escorpión: Barbiel o Barkiel

Sagitario: Advachiel o Adnachiel

Capricornio: Hanael

Acuario: Cambiel o Gabriel

Piscis: Barchiel

ZURIEL– Es el príncipe regente del coro de los principados. También cuida del signo de Libra y rige el mes de septiembre. Se le puede invocar para crear armonía y concordia.

Lecturas recomendadas

Auerbach, Loyd. *Psychic Dreaming: A Parapsychologist's Handbook*. New York: Warner Books, 1991.

Bailey, Foster. *Changing Esoteric Values*. Tunbridge Wells, UK: The Lucis Press, 1954.

Brown, Michael H. *The Trumpet of Gabriel*. Milford, OH: Faith Publishing, 1994.

Bunson, Matthew. *Angels A to Z: A Who's Who of the Heavenly Host*. New York: Three Rivers Press, 1996.

Chase, Steven (traductor). *Angelic Spirituality: Medieval Perspectives on the Ways of Angels*. New York: Paulist Press, 2002.

Cunningham, Scott. *Dreaming the Divine: Techniques for Sacred Sleep.* St. Paul, MN: Llewellyn, 1999.

Finley, Guy. *The Lost Secrets of Prayer: Practices for Self-Awakening.* St. Paul, MN: Llewellyn, 1998.

Gackenbach, Jayne y Jane Bosveld. *Control Your Dreams: How Lucid Dreaming Can Help You Uncover Your Hidden Desires, Confront Your Hidden Fears, and Explore the Frontiers of Human Consciousness.* New York: Harper and Row, 1989.

Giovetti, Paola. *Angels: The Role of Celestial Guardians and Beings of Light,* trans. Toby McCormick. York Beach, ME: Samuel Weiser, 1993. (Publicado originalmente por Edizioni Mediterranee, Roma, Italia 1989).

Guiley, Rosemary Ellen. *Encyclopedia of Angels.* New York: Facts on File, 1996.

Hodson, Geoffrey. *The Brotherhood of Angels and Men.* Wheaton, IL: The Theosophical Publishing House, 1982. (Publicado originalmente en 1927).

Hodson, Geoffrey. *The Kingdom of the Gods.* Adyar, India: The Theosophical Publishing House, 1952.

Jovanovic, Pierre. *An Inquiry into the Existence of Guardian Angels: A Journalist's Investigative Report.* New York: M. Evans, 1995.

Lewis, James R. y Evelyn Dorothy Oliver. *Angels A to Z.* Canton, MI: Visible Ink Press, 1996.

McCabe, Herbert. *God Still Matters.* London: Continuum, 2005.

MacGregor, Geddes. *Angels: Ministers of Grace.* New York: Paragon House, 1988.

Pennington, M. Basil. *Centering Prayer: Renewing an Ancient Christian Prayer Form.* New York: Image Books, 1982.

Ronner, John. *Know Your Angels: The Angel Almanac with Biographies of 100 Prominent Angels in Legend and Folklore, and Much More.* Murfreesboro, TN: Mamre Press, 1993.

Roth, Ron y Peter Occhiogrosso. *The Healing Path of Prayer: A Modern Mystic's Guide to Spiritual Power.* New York: Harmony Books, 1997.

Russell, Jeffrey Burton. *A History of Heaven: The Singing Silence.* Princeton, NJ: Princeton University Press, 1997.

Sanders, J. Oswald. *Prayer Power Unlimited.* Chicago: Moody Press, 1988.

Steere, Douglas V. *Dimensions of Prayer: Cultivating a Relationship with God* (edición revisada). Nashville, TN: Upper Room Books, 1997. (Publicado originalmente en 1962).

Webster, Richard. *Pendulum Magic for Beginners: Power to Achieve All Goals.* St. Paul, MN: Llewellyn, 2002.

Webster, Richard. *Spirit Guides and Angel Guardians: Contact Your Invisible Helpers.* St. Paul, MN: Llewellyn, 1998. Disponible en el idioma español.

Webster, Richard. *Michael: Communicating with the Archangel for Guidance and Protection.* St. Paul, MN: Llewellyn, 2004. Disponible en el idioma español.

Webster, Richard. *Raphael: Communicating with the Archangel for Healing and Creativity*. St. Paul, MN: Llewellyn, 2005. Disponible en el idioma español.

Webster, Richard. *Gabriel: Communicating with the Archangel for Inspiration and Reconciliation*. St. Paul, MN: Llewellyn, 2005. Disponible en el idioma español.

Webster, Richard. *Uriel: Communicating with the Archangel for Transformation and Tranquility*. Woodbury, MN: Llewellyn, 2005. Disponible en el idioma español.

Índice